LA

Colonne de Lille.

LILLE. IMP. D'ÉMILE DURIEUX.

LILLE
A BIEN MÉRITÉ
de la
PATRIE,

LA

COLONNE DE LILLE

Recueil

DE DOCUMENTS HISTORIQUES ET DE POÉSIES

(Poèmes, Odes, Cantates, Chansons, Airs, Couplets, &c.)

relatifs au

BOMBARDEMENT DE LILLE EN 1792

A LA

CÉLÉBRATION DU 50me. ANNIVERSAIRE, EN 1842

ET A

L'Inauguration du Monument commémoratif

LE 8 OCTOBRE 1845.

Ah ! qu'on est fier d'être Lillois
Quand on regarde la colonne !

A Lille,

CHEZ L'ÉDITEUR, ÉMILE DURIEUX ,

Libraire , près la Bourse.

1845.

Hommage affectueux

DE L'ÉDITEUR

A SES COLLABORATEURS,

Messieurs

Bianchi (Alphonse), à Lille.
De Pradel (Eugène), à Paris.
Derode (Victor), à Dunkerque.
Donvé, à Paris.
Dubus-Bonnel, à Lille.
Dupont, à Seclin.
Hazard, à Dijon.
Jomain, à Lille.
Mathieu (P.-F.), à Paris.
Selik, à Lille.
Schneider (C.), de Lille.
E. B., auteur du Père Bolis.
V. D.
L. H.
B. M.

LA

COLONNE DE LILLE.

———◆———

JOURNAL PRÉCIS

DE L'ATTAQUE DE LILLE,

Du 24 septembre au 8 octobre 1792, l'an I.er de la République Françoise.

Rédigé sous les yeux du Conseil de guerre.

———————

La confiance naturelle où l'on devait être que l'ennemi n'oserait tenter une entreprise aussi hardie que l'attaque de Lille, n'avait point ralenti l'activité des mesures défensives. Tout se disposait pour lui opposer une vigoureuse résistance, lorsqu'un changement survenu dans la position de nos armées ouvrit jour à l'exécution de son projet. Avant d'entrer dans le narré de ses opérations, il est important de le faire précéder de quelques détails antérieurs sur les mouvements qui les ont déterminées.

La garnison de Lille étant considérablement diminuée par le rassemblement de forces qu'il fallait opposer à l'ennemi au camp de Maulde, après la levée du camp de Famars, et la marche de la majeure partie des troupes vers l'armée du centre, nous n'occupions que par de faibles détachements les postes de Lannoy et de Roubaix, à trois lieues en avant de Lille. L'ennemi s'en empara dès le 5 septembre, et y développa des forces supérieures, contre lesquelles on ne pût rien tenter sans compromettre évidemment la sûreté de la place confiée au général Ruault, bien moins encore lorsque la levée du camp de Maulde, le 7, nécessitée par l'invasion de l'armée prussienne en Lorraine, et sa marche rapide vers le centre, eut mis la frontière à découvert. L'ennemi s'empara de Saint-Amand dès le 8 ; Orchies, évacué le 10, fut bientôt en son pouvoir ; un essaim de troupes légères se développa sur toutes nos communications, dès le moment que nous cessâmes de tenir la campagne.

Cependant, le général Ruault avait fait faire, le 11 et le 12, deux sorties successives sur les avant-postes de l'ennemi, avec quatre cents hommes, cent chevaux et deux pièces de canon. l'une et l'autre commandées par M. Clarenthal, lieutenant-colonel du 6.e régiment de cavalerie ; elles eurent un succès tel que l'ennemi fut repoussé au delà de Flers et d'Annappes.

L'ennemi se renforçant chaque jour considérablement, surtout en cavalerie, on ne put rien entreprendre au-delà, et les autres places de première ligne, comme celle-ci, menacées tour-à-tour par divers mouvements, ne purent s'occuper que de leurs moyens défensifs et du renforcement de leur garnison respective.

L'armée ennemie se développa successivement en divers camps, dont les détachements, poussés assez près de la place, eurent bientôt intercepté toutes nos communications, à l'exception de celles avec Béthune et Dunkerque, immédiatement couvertes par le canal de la Haute-Deûle, sauf la partie intermédiaire entre Lille et Haubourdin ; toute l'attention des généraux dut donc s'y porter : ce poste fut occupé ainsi que l'abbaye de Loos : Armentières fut renforcé pour défendre cette partie du cours de la Lys et couvrir nos dépôts de subsistances. La Basse-Deûle fut également soutenue d'environ neuf cents hommes et quatre pièces de canon aux postes de Wambrechies et de Quesnoy.

Telles étaient nos dispositions, lorsque le 23 septembre, au matin, on s'aperçut clairement de celles de l'ennemi ; les rapports des jours précédents nous avaient informé qu'il campait déjà vers Ennetières et Lesquin, entre Lille et Pont-à-Marcq : on découvrit des lieux les plus élevés de la ville, qu'il formait un camp plus considérable entre les villages de Lezennes et d'Annappes, et qu'il s'étendait successivement, en différentes parties, vers Flers et Mons-en-Barœul.

Nous gardions la tête du faubourg de Fives, tandis qu'on s'occupait à faire, dans cette partie, l'abatis des haies, pour éclairer ses mouvemens et y diriger les feux de la place.

Le 24, dans la journée, l'ennemi poussa quelques chasseurs vers les Belges qui gardaient cet avant-poste, ce qui détermina le lieutenant-général Duhoux, arrivé depuis peu de jours, à faire une sortie avec deux cents hommes de différents piquets de la garnison et deux pièces de canon, non compris la grand'garde journalière de cent hommes de ligne, d'une pièce de canon et de 30 chasseurs Belges ; l'ennemi s'éloigna bientôt, après avoir essuyé quelques pertes dans sa cavalerie, dispersée par le feu nourri de ces pièces.

Le général à peine rentré dans la place, on apprit que l'ennemi se rapprochait en force de la tête du faubourg, et que la grand'garde avait été obligée de se replier sur la lunette de Fives et dans les chemins couverts ; il fut résolu de l'attaquer le lendemain, et les dispositions furent faites de suite.

Le 25, à six heures du matin, le lieutenant-général Duhoux, commandant en chef, accompagné, comme il l'avait été la veille, par le maréchal-de-camp Champmorin, sortit avec six cents hommes aux ordres de M. Depierre, lieutenant-colonel du 24.me régiment, de M. Valuber, lieutenant-colonel du bataillon des volontaires de la Manche, cent chevaux commandés par M. Clarenthal, lieutenant-colonel du 6.me régiment, et quatre pièces de canon. Mais à peine fut-on parvenu aux premières maisons du faubourg, que l'ennemi, qui l'occupait dans tous les points, fit un feu très-vif sur notre avant-garde. Les troupes se déployèrent successivement, et le feu, tant de nos pièces que de la mousqueterie, repoussa l'ennemi jusque vers la tête du faubourg, où une résistance opiniâtre, après trois heures d'action, fit juger de la supériorité de ses forces, d'ailleurs masquées par le fourré des dernières fermes. Le général ordonna la retraite ; elle se fit au petit pas et en bon ordre, et fut protégée par les dispositions qu'avait faites le général Ruault dans les chemins couverts, et soutenue du feu de l'artillerie de la place et des ouvrages extérieurs. Nous eûmes, dans cette sortie, deux hommes tués et une quinzaine de blessés. Philippe Chabot, capitaine au 15.me régiment, du nombre de ceux-ci, mourut le même jour. La perte de l'ennemi dut être considérable.

Le conseil de guerre assemblé à la suite de cette expédition, déclara la place en état de siége ; on s'occupa, dès ce moment, de toutes les mesures qui restaient à prendre pour assurer et prolonger la défense. L'artillerie, aux ordres du lieutenant-colonel Guiscard, fit, sur le front menacé, toutes les dispositions convenables ; elle travailla avec la plus grande activité à faire l'évacuation des magasins à poudre de la vieille porte de Fives et de la Noble-Tour : le génie, par les soins du lieutenant-colonel Garnier, chef dans la place, disposa toutes les manœuvres d'eau pour tendre la grande inondation ; des blindages pour abriter davantage l'un des magasins à poudre de l'Esplanade, et d'autres précautions du même genre dans l'intérieur de la Citadelle, pour la sûreté de ses défenseurs.

Le 26 au matin, on reconnut que l'ennemi avait ouvert la tranchée dans la nuit par une communication très éloignée partant des premières maisons du village d'Hellemmes, et allant gagner le chemin du Long-Pot attenant au faubourg de Fives. L'extrémité de son travail semblait annoncer le développement de sa première parallèle à environ 350 toises du saillant des ouvrages extérieurs du front de la Noble-Tour ; le général Duhoux ordonna une sortie dans l'après-midi ; les dispositions faites, il marcha par la porte des Malades avec les maréchaux-de-camp

Ruault et Champmorin , et l'aide-de-camp du général Ruault ,
six cents hommes d'infanterie des volontaires nationaux, commandés par MM. Chemin , Valuber et Branchard , cent cinquante chevaux aux ordres de M. Baillot, lieutenant-colonel du
13.me régiment de cavalerie et deux cent cinquante Belges con-
duits par M. Osten, lieutenant-colonel commandant. Le feu de
l'artillerie de la place avait foudroyé, par diverses salves , le
travail de l'ennemi, nos troupes achevèrent de l'en déloger, non
sans une perte considérable de sa part : nous n'eûmes que deux
Belges de blessés ; la cavalerie de l'ennemi n'osa rien entreprendre sur la retraite , qui fut protégée par la nôtre et par le
canon de la place.

Le 27, l'ennemi , sans avoir beaucoup étendu ses ouvrages
vers la gauche, avait travaillé la nuit à se perfectionner, et se
prolongeait sur la droite, à l'abri des masures du faubourg que
les Belges avaient incendié, et que le canon avait battu avec
succès ; ses dispositions faisant juger qu'il pourrait embrasser
en attaque régulière le front de la Noble-Tour, le maréchal-de-
camp commandant du génie fit la reconnaissance d'une lunette
à placer en retour du faubourg des Malades, et qui aurait battu
tellement à revers les tranchées de l'ennemi, que leur chemine-
ment eût été de la plus grande difficulté. Les officiers du génie
firent travailler dans l'après-midi à la communication à l'ouvrage projeté ; mais l'ennemi s'étant concentré dans le projet
d'un bombardement, il n'en fut pas fait suite.

Le 28, les travaux de l'ennemi se bornèrent, comme la veille,
à faire des dispositions de batteries formidables, auxquelles il
travaillait avec la plus grande activité, tant de jour que de nuit,
à l'aide des couverts derrière lesquels il s'enfonçait : le grand
feu de la place, qui se dirigea sur tout son développement, dut
cependant lui faire perdre du monde, comme on l'a su par le
rapport de quelques déserteurs.

Le 29 au matin , l'ennemi poursuivit l'achèvement de ses
batteries, quoique notre feu ne cessât pas de le tourmenter : tel

était l'état des choses, lorsque vers onze heures, on vint annoncer au conseil de guerre qu'un officier supérieur autrichien, accompagné d'un trompette, se présentait à la porte St.-Maurice. Le général Ruault, redevenu commandant en chef, depuis les ordres donnés au général Duhoux de se rendre à Paris, détacha aussitôt le capitaine Morand, son aide-de-camp, pour aller, conjointement avec M. Varennes, colonel du 15.me régiment d'infanterie, recevoir l'officier de l'armée ennemie ; on lui fit traverser la ville en voiture, les yeux bandés, et il fut introduit au conseil : il remit alors une dépêche du capitaine-général Albert de Saxe, portant sommation au général-commandant de rendre la ville et la citadelle à l'Empereur et Roi ; il annonça qu'il en avait une autre pour la Municipalité ; mais, sur l'observation qui lui fut faite que les lois françaises, suivant lesquelles la place avait été mise en état de siége, ne permettaient pas de le laisser communiquer avec la municipalité, cet officier consentit à la remettre au général-commandant, qui lui donna l'assurance de la faire passer de suite à sa destination, et de lui en remettre la réponse conjointement à la sienne.

Vers une heure de l'après-midi, l'officier Autrichien sortit de la salle du conseil, et fut reconduit avec les mêmes précautions à la porte St.-Maurice : le peuple, qui avait porté à sa mission tout le respect commandé par le droit des gens, ne fut pas plutôt instruit de son objet, que des cris s'élevant de toutes parts sur les pas de l'envoyé, firent retentir les airs des cris redoublés de VIVE LA LIBERTÉ ! VIVE LA NATION ! Citoyens, soldats, officiers-généraux, tous partagèrent l'indignation d'une sommation révoltante, et la fermeté énergique avec laquelle les officiers municipaux et le général-commandant avaient juré de mourir fidèles à la Patrie.

A peine l'envoyé eût-il atteint les postes de l'armée ennemie, que son artillerie, par la détonation subite de 12 mortiers et 24 pièces de gros canons tirant à boulets rouges, jeta l'alarme dans les divers quartiers de la ville. Notre artillerie opposa à ce feu épouvantable, soutenu avec la plus grande vivacité, toute l'énergie de moyens dont elle était capable; cependant, l'église de St.-Etienne et les maisons voisines furent bientôt la proie des flammes, malgré la célérité des secours que les officiers municipaux conduisirent en personne.

Le 30, l'ennemi soutint tout le jour, comme il l'avait fait dans la nuit, le feu étonnant de la veille; l'incendie continua autour de l'église St.-Etienne. Un autre plus considérable s'était manifesté dans le quartier de la paroisse St.-Sauveur, où l'ennemi avait dirigé un déluge de bombes. Les citoyens, les soldats, animés par la présence des officiers municipaux, s'efforcent d'en arrêter les progrès; leurs efforts sont vains : on porte des secours partout où le même danger peut se manifester, et ce n'est pas sans des soins infinis, que les citoyens des différents quartiers, veillant jour et nuit, à travers tous les dangers, à suivre la direction des boulets rouges dans la toiture des maisons, parviennent à en arrêter les effets les jours suivants.

Le 1.er Octobre, même feu soutenu de la part de l'ennemi, malgré la vivacité du nôtre; des incendies partiels se manifestent encore, des secours prêts et rassemblés à la Maison-Commune y volent avec les pompes.

Ce même jour arriva le général Lamarlière avec six bataillons de volontaires nationaux, deux de troupes de ligne et trente-sept canonniers citoyens de Béthune.

Le 2, le feu de l'ennemi s'était un peu ralenti, et par intervalle, tourmenté sans doute et affaibli par la vivacité du nôtre, tant de canons que de mortiers; il nous arriva ce même jour un bataillon de volontaires fédérés.

Le 3, dès la pointe du jour, le feu de l'ennemi et le nôtre furent très-vifs de part et d'autre : la surveillance continuelle des citoyens aux incendies, les arrêtait partout où il s'en montrait. (1) Les pompes de la ville suffisaient à peine : ce fut donc

(1) La familiarité que le citoyen et le soldat avaient prise dès les premiers

dans les transports d'une joie universelle, et d'un sentiment difficile à rendre, que l'on vit arriver à la fois les pompes des villes de Béthune, Aire, St.−Omer et Dunkerque : (celle-ci avait envoyé les siennes en poste) ; elles furent du plus grand service dans ce moment (1).

Le 4, l'ennemi avait moins tiré dans la nuit, où il s'était occupé, sans doute, à réparer le désordre que nos batteries avaient pu causer dans les siennes ; mais depuis huit heures du matin jusqu'à onze, il fit à-la-fois le feu le plus vif et le mieux soutenu de bombes, de boulets rouges et de boulets froids, soit que les premiers manquassent à sa durée, soit qu'il voulût tromper la vigilance des citoyens à travers l'abondance effroyable d'un tel feu ; le nôtre ne fut pas moins soutenu, et l'un et l'autre s'attaquèrent de nouveau vers les deux heures de l'après-midi avec la plus grande violence. Deux bataillons de volontaires et un de troupe de ligne entrèrent ce même jour dans la place.

Le 5, le feu de l'ennemi, qui avait continué pendant la nuit, mais avec quelques intervalles de repos, parut beaucoup moins vif dans la matinée : il s'affaiblit sensiblement dans le reste de la journée, et ne tirait plus que de quatre à cinq pièces, toujours à boulets rouges, sans qu'il en résultât d'autres incendies inquiétants.

Le soir, à huit heures, arrivèrent au conseil de guerre les citoyens *Delmas*, *Duhem*, *Debellegarde*, *Duquesnoy*, *d'Aoust* et

jours du bombardement, avec l'essaim des boulets rouges lancés par l'ennemi, les avait rendus ingénieux sur les moyens d'en parer le ravage. Chaque rue avait, sur divers points de son étendue, des guetteurs qui, jour et nuit, observaient la direction des boulets : ils les suivaient à la piste au moment de leur chûte, volaient promptement à leur découverte, et les éconduisaient, après les avoir noyés à outrance dans les vases que chaque maison tenait pleins d'eau à cet effet.

(1) Des secours en vivres et en défenseurs s'annonçaient de même et arrivaient de toutes parts, tant la courageuse résistance de Lille, à un genre d'attaque aussi révoltant, donnait d'énergie aux habitans des villes contre l'agresseur barbare du sol de la liberté.

Doulcet, commissaires-députés de la Convention nationale ; ils y prirent séance dans le moment où l'on agitait la question des sorties vigoureuses proposées par le général Bourdonnaye, commandant en chef l'armée ; idée à laquelle la position formidable de l'ennemi permettait bien moins de se prêter , que sur un développement d'attaque ordinaire. Le général-commandant leur rendit compte de l'état de la place, et de la vigueur des moyens de résistance opposés jusqu'à ce jour.

Le 6 , l'ennemi , qui n'avait tiré que par intervalle dans la nuit , répondit encore moins le jour à la vivacité du nôtre ; il ne tirait plus que de quatre pièces à boulets rouges, et son feu cessa entièrement dans l'après-midi. Les rapports qui nous furent faits , tant de la part des déserteurs que des dehors , s'accordèrent à annoncer la retraite de l'ennemi et la marche de sa grosse artillerie vers Tournai : la nôtre ne le laissa pas plus tranquille dans ses retranchements.

Le 7, nul feu de l'ennemi ne s'était fait entendre dans la nuit, deux salves de notre artillerie précédèrent la découverte que le général avait ordonné de faire à six heures du matin. M. Bourdeville, premier lieutenant-colonel du 7.me régiment, sortit par la porte St.-Maurice , avec deux cents hommes, deux compagnies de grenadiers et un détachement de hussards ; plusieurs coup de mousqueterie des vedettes de l'ennemi, sur ceux-ci et quelques autres parties des retranchements, ne laissèrent aucun doute sur sa présence ; le lieutenant-colonel, qui avait eu ordre de marcher avec précaution et de ne rien hasarder , fit sa retraite sous la protection du feu de la place. Des déserteurs nous rapportèrent, en effet, à midi, que l'ennemi gardait encore ses retranchements avec un bataillon d'infanterie, de nombreux piquets de grenadiers et deux dernières pièces de canon.

Le 8, le général fut informé dans la matinée, que l'ennemi avait fait sa retraite dans la nuit, et se portait de l'autre côté de la Marque, à peu près à moitié chemin de Tournai ; il ordonna de suite au maréchal-de-camp Champmorin , de se porter en avant du faubourg de Fives, à la tête d'un détachement de cinq cents hommes des volontaires nationaux et des troupes de ligne aux ordres de M. Dorières, lieutenant-colonel du 15.me régiment, et de M. O. Keeff, lieutenant-colonel du 87.me régiment, suivi d'un détachement de hussards, et de faire raser les retranchements de l'ennemi par deux cents travailleurs commandés : nombre de citoyens s'y portèrent en foule, ce qui n'éprouva aucun obstacle.

Ce même jour les incendies fumaient encore, mais tout était calme dans les murs de Lille. L'ennemi avait remporté avec sa honte ses instruments de guerre brisés; sa perte; suivant nombre de rapports, peut être évaluée à environ deux mille hommes, tant tués que blessés, parmi lesquels nombre de ses canonniers et bombardiers.

Le 9, la destruction des ouvrages de l'ennemi a été poursuivie aux ordres du lieutenant-colonel Guiscard, commandant de l'artillerie, et sera continuée jusqu'à ce qu'il n'en reste aucun vestige.

D'après le rapprochement des divers rapports faits par les déserteurs, l'armée ennemie était forte de vingt-quatre à vingt-cinq mille hommes d'infanterie, et de six à sept mille hommes de cavalerie.

La garnison de Lille, dans les premiers jours de l'attaque, n'était que d'environ six mille hommes d'infanterie et six cents chevaux. L'état ci-après donnera le dénombrement de ses forces et de ses accroissements successifs.

Tel est le récit exact d'une expédition atroce, exécutée contre tous les droits de la guerre, et qui doit à jamais couvrir d'opprobre l'armée autrichienne aux yeux des nations civilisées. En vain s'était-elle flattée de la conquête de Lille, sans développer d'attaque sur les nombreux ouvrages qui la couvrent ; en vain avait-elle compté, en portant sur tous les points de sa surface, l'incendie, le ravage et la mort, diviser et soulever un peuple fier de sa liberté. Un calme froid et stoïque, à travers ce théâtre d'horreur, se peignait sur le front du citoyen indigné ; les malheurs chaque jour enflammaient son courage ; un sentiment héroïque soutenait ses bras défaillants au milieu des fatigues et des veilles ; enfin , tandis que le soldat par principe et par devoir, fidèlement dévoué à son poste, y déployait, comme au milieu des flammes, une valeur peu commune, le Lillois, insensible à ses pertes, jurait de mourir non-seulement sur les restes fumants de son habitation, mais encore sur la brèche de ses remparts, où l'ennemi ne portait que des efforts impuissants. Epoque à jamais mémorable ! Puissent les chefs, les pères d'un peuple libre, rappeler à leurs derniers neveux la fierté héroïque, les sentiments généreux et vraiment patriotiques des braves Lillois.

Fait en Conseil de guerre, à Lille, le 10 octobre 1792, l'an 1.er de la République française.

Signé , le maréchal-de-camp commandant, RUAULT ; le maréchal-de-camp , LAMARLIÈRE ; le maréchal-de-camp chef de brigade du génie, CHAMPMORIN ; le chef de légion , BRYAN ; le colonel du 15.e régiment d'infanterie, VARENNES ; le lieutenant-colonel commandant l'artillerie , G. GUISCARD ; le lieutenant-colonel du génie, J.-B. GARNIER ; le lieutenant-colonel du 2.e bataillon de la Somme, TORY ; le lieutenant-colonel du 4.e bataillon de la Somme, RAINGARD ; le lieutenant-colonel du 19.e régiment d'infanterie, LONG ; le lieutenant-colonel du 22.e régiment d'infanterie , DANGLAS ; le lieutenant-colonel du 6.e régiment de cavalerie, CLARENTHAL ; le lieutenant-colonel du 13.e régiment de cavalerie, BAILLOT ; le greffier du Conseil de guerre, POISSONNIER.

État des Troupes qui composaient la Garnison de Lille à l'époque du 5 septembre 1792,

QUE LES POSTES DE ROUBAIX ET LANNOY ONT ÉTÉ ATTAQUÉS.

Volontaires nationaux.	La Manche,	528		
	1.er de l'Oise,	457	2012	
	3.e de l'Oise,	457		
	4.e de la Somme,	576		
Infanterie.	15.e régiment,	666		
	24.e id.,	576	2400	
	56.e id.,	645		
	90.e id.,	513		
Artillerie.	3.e régiment,	132	132	
Cavalerie.	6.e régiment,	356		
	13.e id.,	450	1128	
	1 escad. de hussards.	322		

Dans ce nombre sont compris les prisonniers de guerre faits à Roubaix et Lannoy, les hôpitaux et les recrues non instruits; et, dans la cavalerie, le nombre de chevaux en état de servir n'était que de 600.

Total au 5 septembre. 5672

Troupes arrivées dans la Place à commencer du 11 septembre 1792.

L'Eure, 11 septembre,	467	
Le Nord, 14 septembre,	368	
2.e la Somme, 20 septemb.	660	
Calvados, 21 septembre,	654	4329
2.e Volontaires nationaux,	745	
Pas-de-Calais,	482	
74.e rég. d'infant., octobre,	524	
87.e id.,	429	

A reporter. 10001

Report. 10001

BATAILLONS DE FÉDÉRÉS.

6.e,	1.er octobre,	362	
8.e,	id.,	400	
14.e,	id.,	450	
15.e,	id.,	540	4074
16.e,	id.,	480	
17.e,	id.,	564	
22.e d'inf.,	4 oct.	620	
19.e id.,	5 oct.	658	

Ces 6 bataillons sont cantonnés.

Total. 14075

ESQUISSE CHRONOLOGIQUE

ET JOUR PAR JOUR

DU

Bombardement de Lille

EN 1792.

JOURNÉE DU SAMEDI 29 SEPTEMBRE.

L'armée autrichienne avait investi la ville dès le 22 ; toutes communications, sauf celles avec Béthune et Dunkerque, étaient interceptées ; plusieurs sorties infructueuses avaient été faites sous les ordres du lieutenant-général Duhoux, et l'ennemi était parvenu à établir ses batteries formidables, lorsque le 29 septembre, un officier supérieur autrichien, le major d'Haspes, se présente à onze heures du matin à la porte Saint-Maurice ; introduit près du général Ruault (redevenu commandant en chef depuis le départ du général Duhoux, rappelé à Paris), le parlementaire autrichien lui remit une lettre du capitaine-général Albert de Saxe (1) portant sommation de lui livrer la ville et la citadelle, et une seconde dépêche pour la municipalité. Vers une heure, l'envoyé d'Albert de Saxe, porteur de deux réponses signées par le général Ruault et le maire de Lille, ANDRÉ, fut

---

(1) Oncle du roi des Belges actuel , Léopold I.er

reconduit hors de la ville les yeux bandés, et aux acclamations de la foule (1). A peine avait-il rejoint les avant-postes qu'une effroyable détonation produite par douze mortiers et vingt-quatre pièces de gros canons tirant à boulets rouges, ébranla le sol et jeta l'alarme dans la ville. Notre artillerie, desservie par 132 canonniers, seuls présents alors sur les remparts de Lille, répondit chaudement à ce feu épouvantable, soutenu avec la plus grande vivacité. Bientôt l'église Saint-Étienne, dont le clocher avait été coiffé du bonnet rouge ou phrygien, (emblème de la République) par les soins d'un intrépide patriote (2), devint la proie des flammes, malgré la célérité des secours que les officiers municipaux dirigèrent eux-mêmes sur ce point. On rapporte qu'une cloche en argent, désignée sous le nom de *cloche du Winron*, et que l'on entendait de trois et quatre lieues à la ronde, fut fondue dans cet embrasement.

JOURNÉE DU DIMANCHE 30 SEPTEMBRE.

L'ennemi soutint tout le jour, comme il l'avait fait dans la nuit, le feu terrible de la veille; l'incendie se propagea autour de Saint-Étienne, tandis qu'un autre plus considérable se déclarait dans le quartier de Saint-Sauveur, qui, à son tour, vit le beau clocher de son église dévoré par les flammes. Par un atroce calcul, une foule de bombes (2) furent lancées sur les

---

(1) Plusieurs témoins oculaires nous affirment que pendant le trajet qu'il fit de la Mairie à la porte de Fives, le parlementaire autrichien eut ses vêtements couverts de cocardes tricolores, que les citoyens, respectant d'ailleurs son caractère inviolable, y attachèrent à l'envi avec des épingles, aux cris mille fois répétés de : « Vive la Liberté, Vive la Nation, Mort aux Autrichiens ! » Aucun des historiens du siége de Lille n'a fait mention de ce fait, que nous croyons pouvoir affirmer. (Note de l'éditeur.)

(2) Il est probable que cet emblème, contre le gré de celui qui l'avait posé, fut la cause immédiate du prompt incendie de Saint-Etienne, et servit de double point de mire à la rage des ennemis de la France, excitée par de lâches transfuges, leurs auxiliaires. Quoi qu'il en soit, le bonnet répu-

demeures des pauvres artisans qui habitent ce quartier popu-
leux, et que l'ennemi, aidé de perfides et sacriléges conseils,
espérait ainsi exaspérer et porter à la révolte : Mais les citoyens
de toutes les classes, tenant à honneur de confirmer les belles
paroles de leur premier magistrat, rivalisèrent de courage
et de dévouement à la Patrie ; des secours sont portés partout
où le danger se manifeste ; et, veillant jour et nuit, à travers
mille périls, les habitants des divers quartiers s'exercent à suivre
la direction des boulets rouges dans la toiture des maisons, et
parviennent bientôt à en paralyser en partie les effets désas-
treux.

JOURNÉE DU LUNDI 1.er OCTOBRE.

Le feu ennemi se soutient, malgré la vivacité de celui des
assiégés. Un événement sur lequel on n'osait compter, vient
dissiper un moment la désolation générale et rendre quelque
espoir aux braves LILLOIS. Le général Lamarlière, profitant
habilement des communications conservées à dessein avec la
route de Dunkerque, pénètre dans la ville à la tête de six bataillons de volontaires nationaux, deux bataillons de troupe de
ligne, et trente-sept canonniers bourgeois, de Béthune. Ce
même jour à midi, le conseil de guerre fait publier à son de
trompe une proclamation dans laquelle il engage les citoyens à
envoyer dans les campagnes restées libres, leurs épouses et
leurs enfants, et promet, au nom de la République, une indem-
nité proportionnée à leurs pertes. Une pluie de bombes et de
boulets ne cesse de tomber sur la ville.

JOURNÉE DU MARDI 2 OCTOBRE.

Le feu ennemi se ralentit par intervalles, tourmenté sans

blicain ne devint pas leur proie : le brave Lambelin risqua sa vie pour le
conserver, et, dès le commencement de l'incendie du clocher, l'enleva de
dessus la flèche et fut le déposer à la Mairie.

doute par celui que nos braves canonniers ne cessent de nourrir. Ce même jour, un bataillon de volontaires fédérés arrive dans la place.

JOURNÉE DU MERCREDI 3 OCTOBRE.

Dès la pointe du jour, le feu de l'ennemi et celui des assiégés furent très vifs de part et d'autre. La surveillance continuelle des citoyens, admirablement secondés par leurs femmes et leurs enfants, arrête presque partout les progrès de l'incendie ; des guetteurs, placés à chaque coin de rue, suivent à travers l'air la marche des boulets rouges qu'ils saisissent au moment de leur chute, et éteignent dans des vases plein d'eau disposés à cet effet à la porte de chaque maison. Cependant l'insuffisance des dix pompes à incendie que possédait la ville, se faisait très-vivement sentir, lorsqu'aux cris de joie universels on vit arriver celles d'Armentières, d'Arras, d'Aire, de Béthune, de Bergues, de Cassel, de Dunkerque et de Saint-Omer, qui furent de la plus grande utilité, car le carnage et la destruction étaient arrivés à un tel point qu'une foule de femmes, d'enfants, de vieillards, se précipitaient vers la porte de la Barre, et s'empressaient d'aller chercher au loin un refuge contre le ravage et la mort.

JOURNÉE DU JEUDI 4 OCTOBRE.

Pendant la nuit du 3 au 4, l'ennemi avait moins tiré ; il s'était probablement occupé à réparer le désordre que les batteries lilloises avaient dû causer dans les siennes. Mais, vers huit heures du matin, il se ranima avec furie ; et, jusqu'à onze, une grêle effroyable de bombes, de boulets rouges et de boulets froids tomba sur la ville, dont l'embrasement général paraissait inévitable. Cependant le courage des Lillois et des braves soldats de la garnison semblait se retremper au sein même de cet épouvantable désastre. Le colonel d'artillerie Guiscard fait

2

mettre en batterie , sur les remparts , vingt-huit mortiers d'un fort calibre, et, vers deux heures et demie, leur détonation subite jeta la surprise et l'effroi chez les Autrichiens, qui supposèrent qu'un renfort considérable était entré dans la place , où deux bataillons de volontaires et un bataillon de troupe de ligne seulement avaient effectivement pénétré.

Ce fut dans le cours de cette journée (jeudi 4 octobre) et de la nuit suivante que Lille, malheureuse et résignée, eut à déplorer le plus de malheurs, et que ses canonniers, parfaitement secondés par leurs camarades de Béthune et de l'armée , montrèrent le plus d'intrépidité et de sang-froid. Ils rendirent feu pour feu aux Autrichiens, dont les tranchées se remplirent de sang et de cadavres. Une bombe , lancée par le canonnier lillois Reboux, l'un des meilleurs pointeurs du corps , fait éclater un caisson ennemi chargé de poudre , dont l'explosion lance dans les airs les membres épars des soldats qui l'escortent, et en blesse un grand nombre d'autres. Un instant après, un autre boulet, parti des remparts , fait crever la culasse d'un mortier autrichien , que l'on voit encore, tout mutilé, dans la cour de l'hôtel des Canonniers. Au milieu de ces scènes d'horreur et de carnage, le capitaine Ovigneur , digne chef de ses dignes compagnons , apprend que sa maison est en feu, et fait à celui qui l'en instruit cette héroïque réponse : Tu vois l'ennemi , je suis a mon poste, j'y reste : rendons leur feu pour feu !

JOURNÉE DU VENDREDI 5 OCTOBRE.

Le feu des assiégeants, qui avait continué pendant toute la nuit, se ralentit dans la matinée et s'affaiblit sensiblement, au point que vers deux heures il n'était alimenté que par quatre ou cinq pièces de canon, lançant toujours des boulets rouges.

Le soir, à huit heures, les députés de la convention , Delmas, Duhem, de Bellegarde, Duquesnoy, d'Août et Doulcet, arrivèrent et se présentèrent au conseil de guerre, où le général Ruault leur rendit compte de l'état de la place et de la vigueur des moyens de résistance employés jusqu'à ce jour.

JOURNÉE DU SAMEDI 6 OCTOBRE.

L'ennemi , qui dans la nuit n'avait tiré que par intervalles , répondit moins encore au feu de la place pendant ce jour ; il ne fit usage que de quatre pièces tirant à boulets rouges , et cessa entièrement de tirer dans l'après-midi. Des déserteurs annoncèrent sa retraite et la marche de sa grosse artillerie vers Tournai. C'est dans le cours de cette journée que se passa un fait qui donne assez à connaître l'esprit patriotique et le courage résigné qui animaient les citoyens de Lille pendant cette désastreuse semaine. Un perruquier nommé Maes , ayant vu éclater une grosse bombe dans la rue du Vieux-Marché-aux-Moutons , en prit un éclat , et se servit de ce singulier plat à barbe pour raser vingt-deux de ses voisins , en pleine rue, au sifflement des boulets (1).

JOURNÉE DU DIMANCHE 7 OCTOBRE.

A six heures du matin , deux salves de l'artillerie de la place précédèrent la sortie par la porte Saint-Maurice, du lieutenant-colonel Bourdeville, à la tête de deux cents hommes d'infanterie, deux compagnies de grenadiers et un détachement de hussards. Il s'assura que l'ennemi, dont le canon ne s'était pas fait entendre pendant toute la nuit, gardait encore ses retranchements à l'aide d'un bataillon d'infanterie, de nombreux piquets de grenadiers, et de deux dernières pièces de canon.

JOURNÉE DU LUNDI 8 OCTOBRE.

On apprit, dans la matinée, que les Autrichiens avaient fait

(1) M. Verly père, architecte, témoin oculaire de ce fait , l'a reproduit en un dessin fait sur les lieux et gravé au trait par lui-même.

retraite pendant la nuit, et se portaient de l'autre côté de la **Marque**, vers Tournai. Le général Champmorin reçut l'ordre de se porter immédiatement en avant du faubourg de Fives, avec cinq cents hommes de volontaires nationaux et de troupe de ligne, un détachement de hussards, et de faire raser les retranchements de l'ennemi par deux cents travailleurs, commandés à cet effet. Ils furent aidés dans leur besogne par une foule de citoyens de tout âge et de tout rang, qui, dans les transports de leur joie, mêlaient leurs chants patriotiques à ceux des braves soldats de la garnison.

Telle fut la fin de ces jours d'angoisses, pendant lesquels nos pères ne cessèrent de faire preuve d'un courage stoïque et d'un ardent patriotisme. Insensibles à leurs pertes, ce fut en vain qu'une armée de TRENTE MILLE HOMMES *les enferma dans l'enceinte de leur ville, sur laquelle furent lancés, avec barbarie,* SOIXANTE MILLE BOULETS ; *ce fut en vain qu'ils virent* SEPT CENTS *de leurs habitations, leurs églises, dévorées par l'incendie ; leur courage ne se démentit pas un seul instant, et ils trouvèrent la récompense de leurs sacrifices, de leurs veilles, de leurs souffrances, dans l'éclatante justice que leur rendit la Convention nationale, organe de la France entière, lorsqu'elle décréta ces mots :*

LILLE A BIEN MÉRITÉ DE LA PATRIE.

Puisse cette inscription glorieuse, gravée sur la colonne lilloise, qui consacre à jamais le souvenir du courage de nos pères, être pour tous les fils de l'industrieuse et guerrière cité, un précieux titre d'héritage, et perpétuer chez nos arrière-neveux l'amour des vertus civiques, du pur patriotisme, et la haine de l'étranger souillant par sa présence le sol de notre belle France !

E. Dx.

DOCUMENTS HISTORIQUES.

— ◦ ◉ ◦ —

Lettre du Lieutenant-Gouverneur et Capitaine-Général des Pays-Bas autrichiens et Commandant-Général de l'armée impériale et royale, Albert de Saxe, à M. le Commandant de la ville de Lille.

Monsieur le Commandant,

L'armée de Sa Majesté l'Empereur et Roi , que j'ai l'honneur de commander, est à vos portes ; l'humanité m'engage, Monsieur, de vous sommer vous et votre garnison de me rendre la Ville et la Citadelle de Lille , pour prévenir l'effusion du sang. Si vous vous y refusez, Monsieur, vous me forcez , malgré moi , de bombarber une ville riche et peuplée , que j'aurais désiré de ménager. Je demande incessamment une réponse catégorique.

Fait au camp devant Lille , le 29 septembre 1792.

Le Lieutenant-Gouverneur et Capitaine-Général des Pays-Bas autrichiens , et Commandant-Général de l'armée impériale et royale,

Signé , ALBERT DE SAXE.

———

Réponse à la lettre précédente.

Monsieur le Commandant—Général ,

La garnison que j'ai l'honneur de commander et moi, sommes résolus de nous ensevelir sous les ruines de cette place , plutôt que de la rendre à nos ennemis ; et les citoyens , fidèles comme nous à leur serment de vivre libre ou de mourir, partagent nos sentiments et nous seconderont de tous leurs efforts.

Lille , le 29 septembre 1792, l'an premier de la République françoise.

Le Maréchal-de-Camp commandant à Lille ,
Signé , RUAULT.

Lettre écrite à la Municipalité de Lille par le Lieutenant-Gouverneur et Capitaine-Général des Pays-Bas autrichiens et Commandant-Général de l'armée impériale et royale.

A la Municipalité de Lille ,

Établi devant votre ville avec l'armée de Sa Majesté l'empereur et Roi , confiée à mes ordres , je viens , en vous sommant de la rendre , ainsi que la Citadelle , offrir à ses habitants sa puissante protection. Mais si , par une vaine résistance , on méconnaissait les offres que je leur fais , les batteries étant dressées et prêtes à foudroyer la ville , la Municipalité sera responsable à ses concitoyens de tous les malheurs qui en seraient la suite nécessaire.

Fait au Camp devant Lille , ce 29 septembre 1792.

Le Lieutenant-Gouverneur et Capitaine-Général des Pays-Bas autrichiens, et Commandant-Général de l'armée impériale et royale ,

Signé , ALBERT DE SAXE.

Réponse faite à la lettre précédente.

La Municipalité de Lille à Albert de Saxe,

Nous venons de renouveler notre serment d'être fidèles à la Nation, de maintenir la Liberté et l'Égalité, ou de mourir à notre poste. Nous ne sommes pas des parjures.

Fait à la Maison-Commune, le 29 septembre 1792, le premier de la République françoise.

> Le Conseil permanent de la Commune de Lille,
> Signé, ANDRÉ, Maire.
> ROHART, Secrétaire-Greffier par intérim.

Décret de la Convention nationale du 12 octobre 1792,

L'an I.er de la République françoise,

PORTANT QUE :

LA VILLE DE LILLE A BIEN MÉRITÉ DE LA PATRIE!!

La *Convention nationale*, après avoir entendu la lecture d'une lettre de ses commissaires à l'armée du Nord (1), et sur la proposition d'un de ses membres, décrète que les HABITANTS DE LILLE ONT BIEN MÉRITÉ DE LA PATRIE!!

Au nom de la Nation, le Conseil exécutif provisoire mande et ordonne à tous les corps administratifs et tribunaux que les présentes ils fassent consigner dans leurs registres, lire, publier et afficher dans leurs départements et ressorts respectifs, et

(1) Voir cette lettre ci-après.

exécuter comme *Loi*. En foi de quoi nous avons signé ces présentes, auxquelles nous avons fait apposer le sceau de l'État. A Paris, le dix-septième jour du mois d'octobre mil sept cent quatre-vingt-douze, l'an premier de la République françoise.

Signé MONGE.

Contresigné GARAT.

Certifié conforme à l'original,

Signé GARAT.

Consigné dans les registres du département du Nord, ouï le procureur-général syndic, pour être publié et envoyé aux directoires des districts, pour être ausssi consigné dans leurs registres et par eux publié ; pour être en outre envoyé à toutes les municipalités de leur territoire respectif, lesquelles seront tenues de les faire lire, publier et afficher, et d'en donner avis dans un bref délai au procureur syndic de leur district, qui en informera le procureur-général syndic, et pour être en conséquence exécuté comme *loi.*

Fait à Douay, au directoire du département du Nord, le 22 octobre 1792, l'an I.er de la République françoise.

Signé LAGARDE, Secrétaire-général.

FORCES DE L'ARMÉE AUTRICHIENNE.

L'armée autrichienne se composait, au dire des historiens, de onze bataillons d'infanterie, dont deux de réserve, comprenant   25,000 hommes, et de onze escadrons de cavalerie, formant   8,000 chevaux.

Le matériel comprenait { 12 mortiers.
{ 50 canons et les accessoires.

FORCES DES ASSIÉGÉS.

Dès le commencement du siége, les Lillois ne comptaient pour défenseurs que six mille hommes ; savoir :

1.º Volontaires de la Manche, de l'Oise et de la Somme 2,012

2.º Soldats d'infanterie des 15.ᵉ, 24.ᵉ, 56.ᵉ et 90.ᵉ régiments. 2,399

3.º Cavalerie des 6.ᵉ et 13.ᵉ régiments et 1.ᵉʳ escadron de hussards. 1,128

4.º Canonniers, commandés par MM. Perrin et Béatrix.. 132
$$\overline{}$$
5,671

Renforts entrés successivement dans la place :

Le 11 septemb., du départ. de l'Eure. . .	467	
Le 14 id. id. du Nord . . .	368	
Le 20 id. id. de la Somme.	660	
Le 21 id. id. du Calvados .	654	3,376
Le id. Volontaires nationaux id. .	745	
Le id. id. du P.-de-Cal.	482	

Renforts entrés pendant le siége :

Soldats d'infanterie des 74.ᵉ, 87.ᵉ, 22.ᵉ et 19.ᵉ régiments. 2,231

Fédérés des 6.ᵉ, 8.ᵉ, 14.ᵉ, 15.ᵉ, 16.ᵉ et 17.ᵉ régiments. 2,800
$$\overline{}$$
Total. . . . . 14,078(1)

(1) Dans ce chiffre ne sont pas compris les Canonniers bourgeois, commandés par Ovigneur et Nicquet, les gardes nationaux lillois, au nombre d'environ 8,000, et les citoyens volontaires de tout âge.

Tableau des Membres du Conseil général de la commune en exercice pendant le bombardement de 1792. [1]

ANDRÉ , maire.

Saqueleu , procureur de la commune.

Demilly , } greffiers.
Rohart ,

OFFICIERS MUNICIPAUX.

MM. *Bernard.*
Brame.
Brovellio.
Charvet.
Devinck.
Durot.
Forceville.
Hautecœur.
Lachapelle.

MM. *Lefebvre–Dhennin.*
Maricourt.
Mottez.
Mourcou.
Questroy.
Saladin.
Scheppers.
Selosse.

NOTABLES.

MM.	MM.	MM.
J.-B. Bécu.	Deledeuille aîné. (2)	Moreau.
Ch.-L. Bécu.	*Deledeuille cadet.*	Petit.
Bryan.	*Détoudy.*	Pinte.
Capron.	F. Dupont.	*Prouvost.*
Cuvelier.	Gentil.	Roussel.
Darcy.	Houzé.	Sauvage.
Dathis.	*Laurent.*	*Taviel.*
Degand.	Lefebvre fils.	*Théry.*
Dehau.	Mannier.	Walop.
Delannoy.	Martel.	

(1) Les noms en *italique* sont ceux des officiers municipaux et notables qui étaient présents à la séance du 29 septembre 1792, dans laquelle fut délibérée la noble réponse de la Municipalité à l'insolente sommation d'Albert de Saxe. MM. J. Charvet, P.-M. Durot et J.-B. Hautecœur, qui étaient absents, adhérèrent plus tard à la rédaction adoptée.

(2) Les deux frères Deledeuille étaient curés de Saint-Maurice et de Saint-Sauveur. Ce dernier seul était présent à la séance du 29 septembre.

ÉTAT-MAJOR COMPOSANT LE CONSEIL DE GUERRE.

MM. Ruault, maréchal de camp.

    Lamarlière,   id.

    Champmorin,   id.   chef de brigade du génie.

    Bryan, chef de légion de la garde nationale.

    Varennes, colonel du 15e régiment d'infanterie.

    G. Guiscard, lieutenant-colonel, commandant l'artillerie.

    J. B. Garnier,   id.   du génie.

    Tory,   id.   du 3.e bat.on de la Somme.

    Laingard,   id.   du 4.c   id.

    Long,   id.   du 19.e rég.t d'infanterie.

    Danglas,   id.   du 22.e   id.

    Clarenthal,   id.   du 6.e   id. de cavalerie.

    Baillot,   id.   du 13.e   id.

ORGANISATION DU CORPS DES CANONNIERS DE LILLE

A L'ÉPOQUE DU BOMBARDEMENT

(1792.)

OVIGNEUR, capitaine.
Delecocq, lieutenant.
D'hellemmes, sous-lieuten.ᵗ
Froidure, sergent-major.

Castel,
Debraux,
Hecquet, } sergents.
Dusart,

Blanchet,
Selosse, } caporaux.
Hauwel,

Senez,
Liebart, } caporaux.

Leva,
Boutry, } artificiers.

Ph. D'hellin,
Magnier, } ouvriers.
Debras,

Duprez,
Mahieu, } sapeurs.
Gibert,

CANONNIERS.

J.-B. Dubrusle.	Rohart.	F. Hovine.
Longhaye.	Destombes.	Sinave.
Michand.	Druon.	Martyns–Hans.
Rubrecq.	P. Delecour.	Ch. Lefebvre.

(1) Nous empruntons ce document aux *Annales des Canonniers de Lille*, publiées par M. Brun-Lavaine, ancien archiviste de la mairie de Lille, et nous regrettons vivement avec lui que le contrôle de la compagnie du capitaine Nicquet ait été perdu et n'ait pu être refait de mémoire. La grande part que le Corps des Canonniers prit à la défense de la ville en 1792 donnent droit à *tous* les braves qui le composaient, de transmettre leurs noms honorables à leurs arrière-neveux ; mais ceux que commandait l'intrépide Ovigneur sont seuls parvenus jusqu'à nous. L'éditeur a essayé de compenser en partie cette déplorable lacune en insérant dans ce recueil quelques chansons écrites en l'honneur des Canonniers sédentaires lillois, et les beaux vers que leur adressa en 1812 le célèbre improvisateur français Eugène de Pradel.

Haut-Cœur.
Demaline.
Cottignie.
Masse.
Quittez.
Ancelin.
Deruelle.
Ch. Balé.
Delesalle.
Degroux.
Caquant.
Parent.
Ch. Martel.
Léonard Vienne.
Delesalle (l'aîné).
Deroulers.
Dubois, dit Joli.
Lemarchand.
Fabre.
Ant. Roefs.
Aug.te Desquiens.
Gourmez.
Legrand (l'aîné).
Legrand (cadet).
Decroix.
Wymille.

Reboux.
Wicart.
Laviolette.
Dubrulle.
Lancel.
Leclercq.
Martinez.
Louis Soyez.
Legrand.
Philippe Delemotte.
Poulet.
Adrien Masse.
Pouillard.
F. Lefebvre.
Croiset.
Mathon.
J. Allard.
Bailly.
Élie Dubus.
Lamblin.
F. Desante.
Godefrin.
Bourgois.
Doignies.
Comer.
Pinel.

J.-B. Vandamme.
Buquet.
Morel.
Dubar.
Ch. Charles.
J.-B. Rohart.
Joiset.
Barlet.
Dujardin.
Margat.
Ignace Vantourout.
L. Mahieu.
Maurice.
Vandenbroucq.
Dusart (cadet).
Groux.
F. Bailly.
J.-B. Quef.
Masquelez.
Salembier.
Somers.
Franchomme fils.
Moraux.
Vincent Guillain.
Brisou.

*Tableau des élections des Officiers supérieurs de la Garde natio-
nale de Lille , qui eurent lieu du 21 au 25 août 1792.*

MM. Bryan, colonel, chef de légion.

Valton, adjudant général.

Tavant, sous-adjudant-général.

Frey,　commandant du　1.er bataillon et en chef.

Delattre ,　id.　2.e bataillon.

Lesage ,　id.　3.e　id.

Menart,　id.　4.c　id.

Desmazières,　id.　5.e　id.

Odelant-Dathis, id.　6.e　id.

P. Tiberghien,　id.　7.e　id.

Fiolet,　id.　8.e　id.

Florent,　id.　9.e　id.

Angeard,　id.　10.e　id.

Wellecomme ,　id.　11.c　id.

Jourdain,　id.　12.e　id.

*LISTE des personnes tuées pendant la durée du bombardement,
ou mortes par suite de leurs blessures.* (1)

Louis Mandez, de Lille.
Antoine–Joseph D'Avril.
Const.-Amand-Fid. Quentin.
N.*** , domestique chez M.
 Théry-Falligan.
Guillaume-Paul Hache.
Pierre-François Honoré.
Catherine-Joseph Delerue.
Thérèse Decroix.
Anne–Joseph de Hollande.
Pierre-Ange Mangez.
Louis-Joseph Caudron.
Marie-Angél.-Ros. Hennion.
Ant.-Franç.-Phil. Hennion.
Louis-François Poule.
Catherine-Joseph Delemarre.
François-Joseph Buquart.
Ursule-Jos. Desmarescaux.
Thérèse Lainé.
Marguerite-Jos. Descamps.

Marie-Joseph Delimal.
Jacques-Joseph Lemaire.
Marie-Thér.-Hub. Lefebvre.
Charles-Joseph Thiedrez.
Eusèbe-Joseph Pottier.
Marie-Rose-Jose Geanne.
Martin Delly.
Pierre-Joseph Duvocelle.
Bon-Robert Desreumaux.
Gallois , tué avec un autre
 individu par la même
 bombe.
Zacharie Briot.
Jean-Baptiste Jacob.
Isabelle-Esther-Jos. Louchez.
Angélique Ricourt.
Françoise-Jos. de Hollande.
Pierre-Joseph Ployart.
Louis Dupont.

Les registres de décès consultés font de plus mention :

1.º Du cadavre d'un enfant mâle, d'environ 6 mois, trouvé
sous les décombres d'une maison rue Mahieu ;

2.º Du cadavre d'une femme tuée d'un éclat de bombe ;

3.º des cadavres de six hommes, tués de même ;

Et tous ensevelis dans le cimetière de la paroisse Saint-
Sauveur.

(1) Cette liste, dressée avec soin par M. Martin-Delahaye, sur les re-

Relevé des pompes à incendie envoyées à Lille pendant le bombardement par les villes voisines.

Armentières,	3
Arras,	1
Cassel,	2
Bergues,	1
Aire et Saint Omer,	3
Béthune,	1
Dunkerque,	5
	16

PROCLAMATION DU CONSEIL DE GUERRE
DU 1.er OCTOBRE 1792.

Citoyens !

Vous le voyez, un ennemi atroce ne veut pas vous gouverner; il veut vous exterminer. Courage, redoublez de zèle contre les incendies; envoyez dans les campagnes libres vos tendres épouses et vos chers enfants; défendez vos habitations des flammes; soyez assurés, soyez absolument certains que la République, riche de ses vastes domaines et des propriétés des infâmes émigrés, fera rebâtir vos maisons, vous indemnisera de toutes vos pertes. Le conseil de guerre en prend de rechef l'engagement, au nom de la Nation entière, *libre enfin* de ses tyrans !

Signé, POISSONNIER, Secrétaire-greffier.

gistres des décès de l'époque, a tous les caractères d'authenticité désirables. Quoiqu'incomplète, elle suffit pour prouver que le feu des Autrichiens fut plus meurtrier qu'on ne le suppose généralement.

Au nombre des victimes du bombardement, il faut ajouter le capitaine d'infanterie Chabot (blessé mortellement à la sortie que fit la garnison le 25 septembre), les deux soldats tués, les quatorze blessés dans cette même sortie, et deux Belges blessés dans la sortie du 26. (Voir le journal officiel du siége.)

PROCLAMATION

Des Représentants de la Nation, Commissaires de la Convention Nationale,

AUX HABITANTS DE LILLE. (1)

Citoyens,

Vous venez de prouver à l'Europe votre amour pour la liberté et votre haine pour la tyrannie.

Vous avez vu périr vos frères, réduire en cendres une partie de vos propriétés, et vous êtes restés fidèles au poste où la patrie et l'honneur vous avaient placés. Vous vous êtes élevés à la hauteur de la révolution mémorable et salutaire du 10 août dernier.

VOUS ÊTES DIGNES D'ÊTRE RÉPUBLICAINS.

Au milieu de l'incendie, prêts à périr sous les décombres de vos habitations, votre voix ne s'est fait entendre que pour crier : Vive la Nation, périssent les despotes ; nous voulons être libres ; et nous le serons !

Ces brigands de l'Autriche, ces lâches émigrés peuvent détruire, avez-vous dit, toutes nos maisons ; mais les remparts de la place nous resteront, et les habitants et la garnison de Lille ne se rendront point.

CITOYENS, VOUS AVEZ BIEN MÉRITÉ DE LA PATRIE.

Les commissaires de la convention nationale étaient venus partager vos dangers. Les représentants de la République fran-

---

(1) Dans sa séance du 30 septembre 1792, la Convention décréta que six commissaires spéciaux seraient immédiatement envoyés dans le département du Nord, avec pleins pouvoirs de prendre toutes les mesures nécessaires à la sûreté de ce département. Ce furent les citoyens Delmas, Bellegrade, Duhem, Loisel, Doulcet, d'Août, qui furent chargés de cette mission.

çaise doivent donner l'exemple de mourir en défendant la souveraineté du peuple et son indépendance.

Ils veulent assurer de tout leur pouvoir la liberté et l'égalité, sous l'empire des lois.

Vous venez, par votre courage, par votre attitude fière et imposante, de placer une colonne au grand édifice de la félicité publique.

La Convention nationale, à qui nous allons transmettre le tableau affligeant de votre situation, applaudira à votre patriotisme. Elle ne tardera pas à acquitter envers les citoyens de Lille une dette sacrée. Vos pertes sont considérables, vous serez justement indemnisés. Comptez sur sa sollicitude paternelle.

Les rois furent toujours inhumains et parjures. Les représentants du peuple ne manqueront jamais à leurs engagements. Ils ne veulent que son bonheur ; ils veilleront sans cesse au salut de la république et à la prospérité de la grande famille.

Citoyens, n'oubliez jamais qu'un roi parjure et corrupteur est la cause que ses satellites, que des rebelles ont porté le fer et la flamme sur le territoire français ; qu'ils ont massacré vos frères ; qu'ils ont ravagé vos maisons ; qu'ils ont incendié vos habitations.

Vouez à ces monstres altérés du sang humain une haine éternelle, et qu'ils sachent que les patriotes français, plutôt que de courber leur tête sous le joug affreux du despotisme, sont tous résolus de périr les armes à la main.

A Lille, le 8 octobre 1792, l'an 1.er de la République française.

Signé, E.-J.-M. DAOUST, Gustave DOULCET, J.-F.-B.
BELMAS, A. BELLEGRADE, P.-J. DUHEM,
Ernest DUQUESNOY.

*Extrait du procès-verbal de la séance de la Convention
du 8 octobre 1792.*

On annonce une lettre des commissaires envoyés dans le
département du Nord.

Le président montre un boulet en deux morceaux lancé par
l'ennemi sur Lille , après avoir été perforé pour qu'il éclatât.
Ce boulet a été apporté par le courrier extraordinaire porteur
de la lettre des commissaires de la Convention.

Vergniaud fait lecture de cette lettre ; elle est ainsi conçue :

Lille , le 6 octobre 1792 , à deux heures.

Citoyens , nous sommes entrés hier, vers les huit heures du
soir, dans cette ville, où l'on rencontre à chaque pas les traces
de la barbarie et de la vengeance des tyrans.

Christine , d'après les rapports, est venue jeudi jouir en personne des horreurs commandées par son frère, qu'elle a si bien
secondé. On a fait pleuvoir devant elle une grêle de bombes et
de boulets rouges , pour hâter la destruction de cette belle et
opulente cité, qu'elle appelait un repaire de scélérats, et qu'elle
se plaignait de ne pas voir encore détruite; elle s'est donné le
plaisir de lui envoyer de sa main quelques boulets rouges.

Vos ennemis , trompés sur la fermeté et le patriotisme des
citoyens de Lille , comptaient qu'une insurrection allait leur
livrer la place , et c'est pour la provoquer que , sans s'arrêter
aux lois de la guerre, ils commencèrent leur feu au retour du
trompette qui leur rapportait la fière et républicaine réponse que
la municipalité fit à la sommation d'Albert de Saxe , et qu'ils
dirigèrent particulièrement leur feu sur le quartier Saint-Sauveur, le plus peuplé de la ville, et dont les citoyens, toutes les
fois qu'il a fallu déployer l'énergie du patriotisme, se sont constamment montrés les premiers. Mais ce peuple , sur la lâcheté
duquel on osait fonder de coupables espérances , s'est trouvé

un peuple de héros. Le quartier Saint-Sauveur n'est, à la vérité, qu'un amas de ruines : 500 maisons sont entièrement détruites; 2,000 sont endommagées par un feu d'artillerie souvent aussi nourri qu'un feu de file, mais c'est là tout ce qu'ont pu faire les tyrans. Ils n'entreront jamais dans cette importante forteresse, dont ils ménagent les remparts parce qu'ils appartiennent, disent-ils, au roi de France, et les maisons qu'autant qu'elles se trouvent dans la rue Royale et les environs, quartier de l'aristocratie lilloise. Sous cette voûte de boulets, les citoyens que nous sommes venus admirer, encourager et consoler de leur perte, ont appris à déjouer les projets destructeurs de nos ennemis.

On a descendu des greniers et des étages les plus exposés tout ce qui pouvait servir d'aliment au feu ; on a rassemblé à la porte de chaque maison des tonneaux toujours remplis d'eau. Les citoyens, distribués en ordre, veillent les bombes et les boulets rouges, les jugent et donnent le signal convenu. Dès qu'un boulet est entré dans une maison, les citoyens désignés s'y portent sans confusion, le ramassent dans une casserole, l'éteignent, crient : « Vive la Nation ! » et courent reprendre leur poste pour en attendre un autre. On a vu des volontaires, des citoyens, des enfants même, courir sur les bombes et en enlever la mèche, courir après les boulets pour les éteindre avant qu'ils n'aient roulé dans les maisons. Tout se fait dans le calme, l'ordre règne partout. Trente mille boulets rouges, six mille bombes, ont aguerri les citoyens au point de leur faire mépriser le danger. Les Autrichiens ont beaucoup perdu. Leur feu a cessé depuis environ deux heures, et l'on dit qu'ils lèvent le siége. Ils se retireront chargés de l'exécration des habitants du pays, qu'ils ont rempli de meurtres de toute espèce, de brigandages et d'actes d'inhumanité et de barbarie dont le récit vous ferait frémir. Une foule d'actions dignes des guerriers des anciennes républiques méritent de fixer votre attention. Nous vous les présenterons dans une autre lettre. Les citoyennes ont égalé les citoyens par leur intrépidité; tous, en un mot, se sont montrés dignes de la Liberté.

Signé , les citoyens députés-commissaires de la Convention
Nationale à l'armée du Nord ,

BELLEGRADE , J.-F.-B. DELMAS , E.-B.-M. D'AOUST,
G. DOULCET, DUQUESNOY, DUHEM.

Lettre du Ministre de l'Intérieur aux Membres composant le Conseil général de la commune de Lille.

Paris, le 13 octobre 1792, l'an 1.er de
la République.

Votre lettre du 8 , Messieurs , m'a confirmé ce que je connaissais déjà , l'intrépidité et la constance des braves citoyens de votre ville. Quand j'ai vu les Autrichiens s'en approcher, j'ai présagé leur honte et votre gloire. Voudriez-vous maintenant n'avoir pas eu cette belle occasion de prouver à l'Univers entier que vous n'aviez pas juré en vain de vivre libres ou de mourir, et que l'appareil de tous les dangers n'a pu vous arracher un seul cri de désespoir !

Toute la République connaît maintenant votre résistance; il n'est pas une ville qui n'ambitionne , au prix des maux que vous avez soufferts , d'avoir acquis autant de droits à l'admiration et à la reconnaissance publique. Vous en jouirez , Messieurs, il est bien doux pour moi d'être l'interprète de ces sentiments.

Le Ministre de l'Intérieur, signé ROLAND. (1)

(1) Cette lettre du ministre Roland, que les historiens du siége de Lille se sont abstenus de reproduire ou de mentionner , était cependant bonne à mettre en regard de celle si injurieuse écrite par ce fonctionnaire le 15 septembre, et à laquelle nos officiers municipaux répondirent le 10, avec autant d'énergie que de dignité. (Note de l'éditeur.)

Lettre du Général en chef DUMOURIEZ aux citoyens de Lille.

D'Antry, 7 octobre 1792, l'an IV de la Liberté, le 1.er de la République françoise.

Braves défenseurs du boulevard de la liberté françoise, ô vous qui m'avez reçu dans vos murs comme un ami, comme un libérateur, lorsque je commandais le camp de Maulde, persévérez dans votre glorieuse défense, j'accours à la tête de 40 mille vengeurs. D'autres troupes me joignent de tous les côtés, nous ferons fuir les barbares dévastateurs de vos campagnes ; nous les poursuivrons hors de vos frontières ; nous rendrons la liberté aux malheureux Belges ; réunis à eux, nous irons faire repentir les Allemands de leur aveugle obéissance aux tyrans ; nous conquerrons la partie de l'Europe asservie par le despotisme ; nous la soumettrons à l'empire sacré de la liberté et de la raison ; nous déposerons ensuite nos armes saintes, et qui ne sont destinées qu'à assurer ou venger les droits de l'homme. Sous huit jours nous vous joindrons ; nous savons bien que vous n'avez pas besoin de notre secours, nous voulons partager vos dangers, sans rien ravir à votre gloire. Je veux, en mon particulier, aller rendre hommage à mes braves compatriotes.

Le Général en chef, signé DUMOURIEZ. (1)

(1) Cette lettre et les suivantes sont extraites du recueil de lettres et autres pièces adressées à la Municipalité, au sujet du bombardement ; 1 v. in-4.º, Lille, imp. de Jacqué, 1792. Ce volume, obligeamment communiqué à l'éditeur par M. *Gentil-Descamps*, prouve surabondamment à quel point la courageuse résistance des Lillois avait excité l'enthousiasme général.

Adresse de la Commune de Paris à celle de Lille.

Commune de Paris, le 3 novembre 1792,
an 1.er de la République françoise.

Citoyens,

La rage que les tyrans ont exercée contre vous a excité en nous la plus vive indignation ; le courage avec lequel vous avez repoussé les esclaves de quelques despotes, qui bientôt ne seront plus, a causé parmi tous vos frères de Paris une admiration que je ne saurais vous exprimer. Le Conseil général a arrêté que la rue dite de BOURBON porterait désormais le nom de rue dite de LILLE. Il a voulu vous donner cette preuve de la plus vive reconnaissance des citoyens de Paris pour une ville qui a été un des premiers et des plus inébranlables remparts de la République françoise. Puissiez-vous regarder ce faible hommage des Parisiens comme une preuve de la fraternité et de l'union qui nous garantissent l'indivisibilité et l'unité de la République françoise.

Signé MEHÉE, Secrétaire-greffier adjoint.

Extrait d'une lettre écrite en même temps par le représentant Bellegrade au député Gorsas.

Au milieu des flammes dont la ville de Lille est la proie, nous avons trouvé le courage et l'héroïsme des habitants inflexibles. Je me contenterai de vous citer deux traits : Un particulier nommé Auvigneur (1), servant une pièce de canon sur les remparts, est averti que sa maison avait été allumée par un boulet

(1) Lisez Ovigneur.

rouge, et qu'elle allait être réduite en cendres. Il se retourne, voit en effet sa maison en feu, et répond : « Je suis ici à mon poste; rendons-leur feu pour feu. » Et ce citoyen est demeuré à son poste jusqu'à ce qu'il ait été remplacé.

Le curé de Marchiennes, électeur, a aussi donné un exemple éclatant de courage et d'intrépidité : Le corps électoral était réuni; un boulet perce le mur et passe entre le secrétaire et le curé de Marchiennes : « Nous sommes en permanence, dit celui-ci, je fais la motion que le boulet y soit aussi, et qu'il soit un monument de notre fermeté et de notre assidüité à nos séances. »

Autre lettre des commissaires, du 6 octobre.

Citoyens, nous avons parcouru hier, dans l'après-midi, les ruines encore fumantes du quartier Saint-Sauveur, nous étions suivis d'une foule de citoyens qui marchaient avec nous sur les débris de leurs demeures, sur les cendres de leurs meubles, de leurs marchandises, sur leurs parents, leurs amis, ensevelis dans les décombres ; tous déploraient leurs malheurs et criaient avec courage : « Vive la Nation ! vive la République! périssent les tyrans ! Quels hommes que ces sans-culottes que l'aristocratie désignait aux Autrichiens comme des lâches que l'on pouvait corrompre, et que ces barbares ont ruinés, écrasés, parce qu'ils n'ont pas voulu leur livrer la place. Nous leur avons juré, au nom de la République, qu'ils ne périraient pas de misère après avoir si courageusement supporté les horreurs auxquelles l'amour de la patrie et la vertu les ont exposés. Nous leur avons dit qu'un peuple qui a eu le courage de se délivrer du lourd fardeau de la royauté est devenu un peuple de frères, dont le devoir est de s'aimer et de s'entre-secourir; que dans un gouvernement républicain, l'homme étant compté pour tout ce qu'il est ne peut jamais gémir pour avoir bien servi la patrie, qui est la mère commune.

Il est certain, citoyens, que l'heureuse résistance de la ville de Lille fait époque dans la Révolution. Si cette grande forteresse fût tombée au pouvoir des Autrichiens, plus d'une ville eût voulu, à l'exemple de Lille, échapper aux boulets rouges et aux bombes. Les Pays-Bas se fussent trouvés couverts par nos propres places, et le théâtre de la guerre, qui désormais doit être loin de nos frontières, se fût trouvé établi chez nous, dans nos départements, qui eussent fourni à l'ennemi tous les moyens possibles de subsister.

Signé, les mêmes citoyens députés-commissaires.

Lettre des Administrateurs composant le Conseil du département du Nord.

Douay, 29 septembre 1792.

Citoyens,

Vous avez parlé en Lacédémoniens, vous agirez de même. Vous tenez une des clefs de l'Empire ; elle ne peut être mieux confiée.

Les Administrateurs composant le Conseil du département du Nord,

Signé, MICHEL, président ; P.-A.-M. PORENTRU, DOUDAN, DENIER, A. FAUVEL, DONDEAU, J.-B. JOSSON, DELVAL-LACACHE, commissaire-procureur-général, syndic ; LAGARDE, secrétaire-général.

DISCOURS

Prononcé par le citoyen ANDRÉ, Maire de la ville de Lille, (1)

Le jour de la proclamation solennelle de la loi du 12 octobre dernier, qui déclare que les habitants de Lille ont bien mérité de la Patrie.

Le 11 novembre 1792, l'an 1.er de la République.

Citoyens,

Ils sont enfin passés, ces jours de destruction et de deuil, ces jours où des millions de foudres enflammés, lancés sur notre ville, y portaient de toutes parts l'incendie et la mort. Le barbare Autrichien n'est plus sous nos murs ; il est chassé loin de de nous, cet ennemi féroce et sanguinaire. Votre résistance vigoureuse, jointe à la fermeté et à l'habileté du digne général Ruault, au courage de la garnison et aux savantes manœuvres de nos intrépides canonniers, ont arrêté ses projets dévastateurs.

BRAVES HABITANTS DE CETTE CITÉ, VOUS AVEZ BIEN MÉRITÉ DE LA PATRIE !

Qu'il est grand ! qu'il est magnifique, cet éloge donné à votre valeur par un décret de la Convention nationale ! C'est la plus digne récompense que l'on puisse offrir à des Républicains ; c'est le plus haut prix dont la nation puisse payer leurs services.

Mais autant est précieuse la gloire que vous vous êtes acquise, autant et plus encore devez-vous être jaloux de la conserver. Ne perdez donc pas, braves Lillois, le fruit d'une aussi belle conquête. Que ces édifices renversés, que ces ruines encore

(1) Copié sur l'imprimé original, devenu très-rare, et dont un exemplaire nous a été obligeamment prêté par M. Martin-Delahaye.

fumantes, rallument dans vos cœurs l'amour sacré de la
Patrie. Inspirez à vos enfants ces sentiments d'un peuple libre
et régénéré, qui vous ont rendus victorieux des tyrans; laissez
leur sans flétrissure, et comme leur plus riche héritage, le titre
honorable dont la main reconnaissante de la République a
couronné votre civisme; faites enfin, citoyens, que fidèles imi-
tateurs de vos vertus, ils transmettent aux races futures, et
votre haine des despotes, et votre inviolable amour de la
Liberté et de l'Égalité.

Poésies.

COUPLETS

Chantés dans LE SIÉGE DE LILLE, ou Cécile et Julien,

Comédie en trois actes et en prose, mêlée de chants, paroles du citoyen Joigny, musique du citoyen Trial fils ;

Représentée pour la première fois le **21 novembre 1792**, sur le théâtre de l'Opéra-Comique National de la rue Favart, ci-devant Italien.

SCÈNE I.re

NICOLE.

Air de *la Carmagnole*. (Clé du Caveau 673.)

De la France les ennemis
Comptaient marcher droit sur Paris ;
Mais nos généraux réunis,
Au lieu de ça, les ont occis.
    Nos vœux sont accomplis,
    Nous sommes réjouis,
    Dansons la Carmagnole,
        Vive le son
        Du canon !

Tous ces grands seigneurs si petits,
Acharnés contre leur pays,
Par les destins seront trahis,
Du ciel les peuples sont amis.
 Brunswick leur a promis ;
 Le sort n'a pas permis.
 Dansons la Carmagnole,
  Vive le son
  Du canon !

Tous ces esclaves des méchants
Nous nuiront, mais perdront leur temps.
La France, à leurs bras menaçants,
Opposera tous ses enfants.
 Guerre, guerre aux tyrans !
 La paix aux indigents !
 Dansons la Carmagnole,
  Vive le son
  Du canon !

SCÈNE VI.

Air chanté par JULIEN.

Sûr de ton cœur, tout à la gloire,
L'amour assure mes succès.
Le juste ciel doit la victoire
A l'ardeur du soldat français.

Dieu ! tous les peuples de la terre
Sont les objets de ton amour ;
Oui, c'est à toi, Dieu tutélaire,
Que l'homme doit l'éclat du jour.
Ne permets pas que ton ouvrage
Soit enchaîné par des tyrans ;

Les fers honteux de l'esclavage
Ne sont point faits pour tes enfants !

Sûr de ton cœur, tout à la gloire,
L'amour assure mes succès,
Le juste ciel doit la victoire
A l'ardeur du soldat français ?

SCÈNE VII.

Autre Air chanté par CHARLOT, chansonnier de la Compagnie
des Canonniers.

Réveillez-vous, rompez vos fers,
Peuples encor dans l'esclavage ;
La servitude, aux maux divers,
Abat et flétrit le courage.
Reprenez la noble fierté
Que vous imprima la nature,
L'homme est né pour la liberté ;
C'est là sa plus belle parure,
Liberté, liberté ! ! !

Liberté, chère liberté,
Sois à jamais, sois mon idole ;
Il n'est point de divinité
Qui, comme toi, charme et console.
Périsse la félicité
Dont tu ne serais pas la source,
Si tu perds jamais ta beauté,
Sur tes débris finis ma course !
Liberté, liberté ! ! !

SCÈNE X.

Air chanté par Broneau. (1)

L'amour dans le cœur d'un Français,
L'amour est le bonheur suprême,
Tous ses instants sont pleins d'attraits
Auprès de la beauté qu'il aime (*bis*) ;
Mais au premier son du tambour,
  Il sacrifie,
  A sa patrie,
Son bien, sa vie et son amour.

Qui sait délivrer son pays
Est vu comme un dieu sur la terre.
A l'objet dont il est épris,
Le Français est jaloux de plaire (*bis*) ;
Mais au premier son du tambour, etc.

J'aime qu'on désire la paix :
Aux humains, elle est nécessaire.
J'aime qu'au déclin d'un jour frais
L'on s'amuse sur la fougère,
Mais je veux qu'au son du tambour,
  On sacrifie,
  A sa patrie,
Son bien, sa vie et son amour !

(1) La musique de ces couplets est restée type pour les vers de la même coupe, et se retrouve encore de nos jours dans la Clé du Caveau, sous le N.° 994.

SCÈNE XI. (Acte II.)

Un Officier Autrichien, chargé de sommer la Ville.

Au nom du monarque, mon maître,
De François, empereur et roi ;
Au nom du général qu'il chargea de sa loi,
Je vous somme, habitants de Lille,
De lui remettre au même instant,
Et la citadelle et la ville ;
Il vous offre pour prix, l'appui d'un bras puissant ;
Mais si vous faites résistance,
Il abattra, dans sa vengeance,
La tête de vos magistrats ! ! !

Le Commandant de la Place de Lille.

Loin de nous effrayer, ce superbe langage
Nous anime encor davantage ;
Lasse d'un joug affreux, la France arma son bras
Pour se tracer des lois dans un juste équilibre.
Organe d'un tyran, écoute, et tu sauras
Comment répond un peuple libre.

(Tout le monde se groupe autour du Commandant et chante le chœur
suivant :)

Le Commandant et les Chœurs.

Nous jurons tous à la face des cieux,
Nous jurons de périr plutôt que de nous rendre ;
Si l'ennemi pénètre dans ces lieux,
Qu'il n'y règne que sur la cendre.
Daigne, Dieu tout puissant, seconder notre effort,
Nous sommes tous Français ; VIVRE LIBRE OU LA MORT!

Le Commandant à l'Officier Autrichien.

Soit que ton général, ou persiste ou renonce,
Nous n'avons point d'autre réponse !

4

COUPLETS

A l'occasion du bombardement de Lille.

Par le citoyen CÉLICOURT.

Vendus au bénéfice des pauvres. (1)

1792.

Disparaissez, lâches brigands
Qui venez dévaster nos champs,
Allez pleurer votre défaite ; (*bis*)
D'un peuple libre et courageux,
Admirez les faits glorieux ;
Tremblez, sa vengeance s'apprête ! (*bis*)

Rentrez dans vos antres obscurs,
Sachez qu'il règne dans nos murs
Des citoyens pleins de courage ; (*bis*)
Aux vrais défenseurs de la loi,
La mort n'inspire aucun effroi,
Mais l'opprobre est votre partage ! (*bis*)

Braves Lillois, dans ce grand jour,
Vous méritez à votre tour
L'estime de votre patrie ; (*bis*)

(1) Cette pièce, ainsi que les six suivantes, sont extraites du riche et curieux cabinet de M. Gentil-Descamps, toujours complaisamment ouvert par lui aux investigations de ses concitoyens et des amateurs étrangers.

À vos cœurs, libres et constants,
La France offrira son encens;
Votre sort est digne d'envie ! (*bis*)

Bons citoyens, dans l'avenir,
On gardera le souvenir
De votre mâle résistance, (*bis*)
Et vos fronts, de lauriers couverts,
Annonceront à l'univers,
De vos vertus la récompense! (*bis*)

CHANSON LILLOISE

Au sujet du bombardement de Lille, pendant lequel les habitants
de cette cité montrèrent une constance héroïque et toutes
les vertus républicaines ;

Par Gouchon, son citoyen. (*sic*.)

Air : Jadis un célèbre empereur. (Clé du Caveau 236.)

Honneur, gloire aux braves Lillois !
Ces défenseurs de la patrie,
Se sont acquis, par leurs brillants exploits,
Un rang à l'immortelle vie :
Fiers soutiens de la liberté }
Leur valeur fait l'égalité. } *chorus*.

A peine ALBERT, ce destructeur,
Prétend les sommer, en pirate,
Bientôt il voit leur fierté, leur grand cœur,
Dans leur réponse spartiate :
Fiers soutiens, etc.

En vain, pour réduire leur fort,
Les foudres de l'anthropophage,
Portent l'horreur, l'incendie et la mort ;
Rien n'affaiblit leur haut courage :
Fiers soutiens etc.

Pendant les huit jours du volcan,
Tous les instants sont effroyables,
Plus le danger s'accroît, se montre grand,
Et plus leurs vertus sont durables !
Fiers soutiens etc.

Intelligence, activité,
Soins assidus, force suprême,
Belle union, douce fraternité,
Partout cet espoir est le même :
Fiers soutiens etc.

Le monstre, surpris, irrité
D'une fermeté si stoïque,
Fuit de leurs murs, confus, tout éhonté,
Craignant l'air de la République :
Fiers soutiens etc.

Guerre aux tyrans appelés Rois !
Ce fut le cri de *Thionville*,
Première et forte à défendre nos lois ;
Pour digne émule elle aura *Lille* ;
Fiers soutiens etc.

Qu'un seul trône reste élevé
Pour la liberté, notre Reine,
Où l'Univers trouve et lise gravé
Ce vœu de la républicaine :
Fiers soutiens de la liberté } *Chorus.*
Les vertus font l'égalité ! }

(A Lille, chez C.-L. Deboubers, place de Rihour.)

COUPLET

de la Gaîté innée du Peuple Français,

Chanson composée par le citoyen J. LECOMTE, en 1792.

————— —

Air de la ronde du *Rival confident*, de Grétry, ou du vaudéville
du *Chaudronnier de St.-Flour*. (Clé du Caveau **711**.)

—————

On voyait LILLE s'embraser,
Et tàndis que tout tombe,
Un Lillois se fait savonner
Dans un éclat de bombe ;
On le rase et dans l'instant,
Il se rajuste en chantant :
Eh ! vive, vive la France !
Les ennemis, de leurs canons, } *bis.*
Nous marquent la cadence
Tandis que nous chantons !

(Imprimerie de C.-L. Boubers, à Lille, place de la République.)

COUPLET PATRIOTIQUE.

Air : Avec les jeux dans le village. (Clé du Caveau 53.)

Albert avait cru, dans sa rage,
Par le feu vaincre les Français ;
Mais il n'a de son brigandage
Que la honte et non le succès ;
Les *Lillois* ont, par leur constance,
Chassé tous ces vils assassins....
Ah! qu'une des clefs de la France
Est bien placée entre leurs mains !

Couplets patriotiques, publiés sans nom d'auteur.
(Lille, imprimerie de C.-L. de Boubers.)

Aux Braves Lillois,

Couplets d'un Patriote admirateur et reconnaissant. (1)

AIR : Allons, enfants de la patrie. (Clé du Caveau 31.)

Des Brutus de la République,
Chantons les exploits généreux ;
Chantons leur dévouement civique,
Et leur triomphe glorieux ! (*bis*)
En vain, contre eux, la tyrannie
Soudoya des Titans nouveaux :
Sur une cité de héros,
Que peut d'esclaves la furie?
Les bombes, les canons électrisent les cœurs,
LILLOIS, LILLOIS, du peuple franc vous êtes les sauveurs !

Les cohortes impériales,
Du Ténare ont vomi les feux;
Votre ville à ces cannibales,
N'offre plus qu'un cahos affreux ! (*bis*)
Déjà les fers de l'esclavage
Pour vous flétrir sont préparés,
Vos Décius sont réservés

(1) Voir le recueil de lettres et autres pièces adressées à la Municipalité
ou au Conseil permanent de la commune de Lille, à l'occasion du bombardement de cette place. 1 vol. in-4.°, imprimerie de Jacquez, imprimeur de
la Municipalité.

A l'opprobre, au meurtre, au pillage,
Mais de ces noirs complots, intrépides vengeurs,
LILLOIS, LILLOIS, du peuple franc vous serez les sauveurs.

Du tigre ALBERT, votre courage,
Enfin dompte la cruauté ;
Et *Christine*, écumant de rage,
Maudit le sol de liberté ! (*bis*)
Comme eux, le hulan sanguinaire
Confus et frappé de terreur,
Fuit lâchement et cherche ailleurs (*sic*).
Son abominable repaire.
Des monstres conjurés, magnanimes vainqueurs,
LILLOIS, LILLOIS, le peuple franc voit en vous ses sauveurs.

Une héroïque patience,
Mille prodiges de valeur,
Ont signalé votre défense;
Pour vous quelle source d'honneur! (*bis*)
Oui, votre nom, titre de gloire
Des vils despotes redouté
Et toujours par nous respecté,
Fera préface à notre histoire.
Agréez le tribut de cœurs reconnaissants,
LILLOIS, LILLOIS, votre victoire illustrera les Francs!

Le citoyen RAGON, premier officier municipal
de Fère, en Tardenois.

Hymne aux Lillois

Sur leur bravoure et leur fermeté au siége de leur ville , où était assemblé
le Corps électoral du département du Nord ,

PAR LEURS FRÈRES DE LA GARDE NATIONALE DE DOUAY.

Air : Allons, enfans de la patrie. (Clé du Caveau 31.)

Quand sur leurs murs le boulet tombe,
Les Lillois sont ils faits pour fuir ?
Voyez les autour de la bombe,
Voyez ces guerriers accourir ! (*bis*)
Voyez-les fermes et tranquilles,
Voler en foule à leurs canons,
Tandis que brûlent leurs maisons,
Que gardent leurs femmes et leurs filles.
Aux armes, citoyens, pour défendre nos lois,
Marchons avec fierté sur les pas des Lillois !

Malgré la bombe qui se brise,
Au milieu de nos électeurs,
Voyez-les sans craindre la crise,
Nommer ses administrateurs ! (*bis*)
Ce corps à son serment fidèle,
A son poste prêt à mourir,
Nous assure pour l'avenir
La République la plus belle.
Aux armes, etc.

Tandis qu'on bombarde la ville.
Voyez les bandes d'Autrichiens,
Du paysan forcer l'asile,
Égorger nos bons citoyens! (*bis*)
Voyez ces hordes sanguinaires,
Percer à grands coups de couteau
Le cœur des enfans au berceau,
Aux yeux de leurs mourantes mères!
Aux armes, etc.

Quoi! de scélérates cohortes
S'empareraient de la cité,
Et viendraient jusques à ses portes
Pour lui ravir la liberté! (*bis*)
Mais quelle fureur! quelle rage!
En vain par mille coups divers,
On s'obstine à forger des fers
Pour qui secoua l'esclavage!
Aux armes, etc.

A ces brigands, troupe servile,
Le LILLOIS qu'ils croyaient dompté,
Sommé de leur rendre la ville,
Répondit avec fermeté : (*bis*)
« N'attendez pas de nous voir rendre,
Monstres, brûlez de toutes parts ;
Il nous reste encor des remparts,
Qu'on ne pourra réduire en cendre. »
Aux armes, etc.

Quoi! les esclaves de l'empire,
Quoi! les satellites des Rois,
A nous, peuple libre, osent dire,
Nous voulons vous donner des lois! (*bis*)

Nos guerriers outrés de colère,
A ce discours injurieux,
Repoussent ces audacieux
Et leur font mordre la poussière.
Aux armes, etc.

LILLOIS, que grande est votre gloire!
Dans tous les cœurs, vos noms placés,
Bien mieux qu'au temple de mémoire.
N'en seront jamais effacés! (*bis*)
Entendez-vous comme s'écrie
Partout le bon peuple français,
Que les Lillois ont à jamais
Bien mérité de la patrie.
Aux armes, citoyens, pour défendre nos lois,
Marchons avec fierté sur les pas des Lillois!!

Hymne à la Liberté,

Par Laharpe.

(Récitée à l'ouverture du Lycée, à la fin de 1792.)

Voici le passage où le poète a buriné pour l'histoire le souvenir de la glorieuse défense des Lillois, en **1792** :

. . . .
. . . .

« La ligue est consternée, et la terre attendrie.
La victoire avec nous parcourt tous les climats ;
La victoire est partout, sous nos yeux, sous nos pas.
Je suis en haletant son essor qui m'étonne....
Non, rien ne peut troubler un spectacle si beau,
Pas même les fureurs de l'affreuse Bellonne.
Un saint enthousiasme, un transport tout nouveau,
M'unit à nos guerriers que l'Europe contemple ;
Je m'élève avec eux, et plein de leur exemple,
Je les vois sans frémir, entourés du trépas,
Ces tonnerres d'airain qu'ils ne redoutent pas,
Ces hauteurs de Jemmap, de leur sang arrosées,
Que trois jours de bataille ont immortalisées,
Et LILLE et ses remparts, ce peuple de héros,
Tranquille dans les feux qui creusent ses tombeaux,
Défiant de l'enfer les brûlantes machines,
   Et souriant sur des ruines !....
Et ce peuple, grand Dieu, ne serait pas vainqueur !....
Ils ont fui ces brigands, atteints du fer vengeur,
Ils ont fui... de leur sang ne soyez pas avares ;
Ils méritent leur sort, ils ont été barbares !...

. . . .
. . . .

EXTRAIT

D E

L'ODE PATRIOTIQUE

Du Citoyen LEBRUN, (1)

Sur les événements de l'année 1792, depuis le 10 août jusqu'au
13 novembre.

. . . .

. . . .

Aux rois , aux peuples de la terre
Nous avions tous juré la paix.
Les Rois s'arment ; Ah ! désormais
Qu'ils tremblent ! nous jurons la guerre.
Soldats , esclaves des tyrans,
Vous tomberez , lâches brigands,
Sous nos armes républicaines.
Plus grands que ces Romains si fiers
Qui donnaient au monde des chaînes ,
Peuples ! nous briserons vos fers !

C'est en vain que le Nord enfante
Et vomit d'affreux bataillons :
Leur corps est promis aux sillons
De notre France triomphante :

(1) Cette ode, écrite de verve et sous l'inspiration brûlante et patriotique
du moment, par le *Pindare français*, a été imprimée dans l'Almanach des
Muses pour l'année 1794, où les amateurs de beaux vers pourront la lire
toute entière. Nous avons cru devoir nous borner, pour ce recueil, à ne
citer que les passages relatifs au bombardement de Lille. (Note de l'éditeur.)

Deux sœurs , IMMORTELLES CITÉS !
THIONVILLE , AUX MURS INDOMPTÉS ,
BRAVE ET REPOUSSE LEUR FURIE :
LILLE ! TES DÉBRIS GLORIEUX
DE LEUR ATROCE BARBARIE
SONT FUMANTS ET VICTORIEUX !

.   .   .   .

.   .   .   .

Pareils aux flots de ces ravines
Dont le bruit sème la terreur ;
Ils s'avançaient , et leur fureur
Méditait de vastes ruines.
Leurs vœux se disputaient nos biens ;
Du meurtre de nos citoyens ,
Ils ensanglantaient leurs pensées ;
Ils ont paru ! mais ils ont fui ,
Comme ces feuilles dispersées
Qu'Eole souffle devant lui !

Oui le ciel jura leur défaite ;
Le ciel arme les éléments :
Voyez sur les aîles des vents
La mort qui poursuit leur retraite.
En vain couverts d'un triple acier ,
Tombent en foule , homme , coursier ;
Ils mordent nos plaines sanglantes ,
Triste pâture des vautours ,
Non loin des villes opulentes
Dont leur espoir brisait les tours !

.   .   .   .

.   .   .   .

COUPLETS A L'ORDRE DU JOUR,

Sur l'air des Marseillais,

PAR UN CITOYEN DE BAPAUME. (1)

———

Français, nous n'avons plus d'alarmes ;
Nos triomphes sont assurés :
Ils vont tous nous rendre les armes ,
Ces brigands de sang altérés. (*bis*)
Voyez leurs timides cohortes
Se disperser de toutes parts ;
Nous déployons nos étendards ;
Chambéri nous ouvre ses portes.
Victoire ! citoyens ! célébrons nos succès ,
Tombez (*bis*), cruels tyrans, sous les coups des Français.

Braves Lillois , que notre gloire
Vous fasse oublier vos malheurs :
Christine , d'horrible mémoire ,
A mis le comble à ses fureurs. (*bis*)
Sous Mons les héros de la France
Vous ont vengés par leur valeur ;
Rien ne résiste à leur ardeur ;
Et Bruxelle est en leur puissance.
Victoire ! citoyens ! etc.

Dans les horreurs de l'esclavage ,
Vous qui vouliez nous replonger ,

(1) Extrait du Courrier de l'Égalité , N.º 100 , 26 novembre 1792.

Vous comptiez pour rien le courage
Des Français qu'on ose outrager. (*bis*)
C'étaient à vos yeux des victimes
Qu'il fallait bien vite égorger :
Traîtres !... il est temps de purger
Enfin la terre de vos crimes.
Victoire ! citoyens ! etc.

C'en est fait, despotes du monde ,
Bientôt vous n'existerez plus ;
En vain votre tonnerre gronde ;
Vos efforts seront superflus. (*bis*)
Du trône vous allez descendre ,
Tel est du destin l'arrêté :
Oui , partout de la Liberté
Le signal va se faire entendre.
Victoire ! citoyens ! etc.

AUX

CANONNIERS SÉDENTAIRES DE LA VILLE DE LILLE,

Le jour de l'inauguration du drapeau que la Ville leur a donné

(4 DÉCEMBRE 1812.)

❧

> O fortunati, quorum mœnia surgunt!

Prends ta trompette, ô Renommée
Et dans ton vol audacieux,
Ose de ton aile enflammée
Atteindre la voûte des cieux.
Là, sans qu'un noble effort te lasse,
Aux orbes roulants dans l'espace,
Redis ces exploits éclatants
Qui doivent étonner les mondes
Et traverser les nuits profondes,
Filles de l'Erreur et du Temps.

Va, vole et perce l'atmosphère
Des globes soumis dans leurs cours ;

Que l'habitant de chaque sphère
Prête l'oreille à tes discours ;
Pour célébrer de grands courages,
Franchis les immenses rivages
Créés sur les mondes divers ;
Que ta voix s'étende et pénètre,
Comme un seul regard du grand être,
Sur tous les points de l'univers.

Les murs d'Hector réduits en cendre,
Le monstre par Jason dompté,
Les nobles travaux d'Alexandre
Étonnent la postérité ;
Mais à leur gloire qu'on révère,
Le sage avec raison préfère
Celle des citoyens obscurs,
Qui, pour leur famille chérie
Et le salut de la patrie,
Meurent en défendant leurs murs.

Braves, qui des remparts de Lille,
Gardant les tubes meurtriers,
Sûtes toujours rendre inutile
L'effort des plus fameux guerriers ;
Sans vous, cette ville superbe,
Aujourd'hui cacherait sous l'herbe,
Ses murs dès longtemps écroulés ;
Au lieu, qu'enchaînant la victoire,
Vos mains ont affermi sa gloire
Et ses fondements ébranlés.

De vos tonnerres formidables,
Louis-le-Grand épouvanté,

Jadis, à leurs coups redoutables,
Assura l'immortalité (1) ;
Et quand Boufflers, nouvel Alcide,
Près de vous, guerrier intrépide,
En gloire éclipsa ses rivaux,
On vit l'équité souveraine
Remettre à l'illustre du Maine
Le soin de payer vos travaux (2).

Mais quel bruit soudain nous étonne !
Et quels feux roulent dans les airs !
Lille, contre toi le ciel tonne,
Lille, on vient t'apporter des fers !
Les éléments frappés mugissent,
Mille bombes d'airain vomissent
Des torrents de pluie embrasés ;
De toutes parts, l'affreuse bombe
S'élance, brille, plane et tombe
Sur tes habitants écrasés (3).

C'en est fait, la cité paisible
Attend le joug des oppresseurs.....
Mais, que dis-je ? elle est invincible !
N'êtes-vous pas ses défenseurs ?
Courez où l'honneur vous appelle,
Troupe belliqueuse et fidèle,

(1) Louis XIV, après le siége de Lille, en 1667, voulut reconnaître par lui-même les deux batteries du bastion situé derrière les Carmélites, qui avaient fait tant de mal à ses troupes.

(2) En 1708, le duc du Maine, grand-maître de l'artillerie de France, fit présent de deux pièces de canon aux Canonniers sédentaires de Lille, en récompense des services qu'ils avaient rendus pendant le fameux siége si vaillamment soutenu par le maréchal de Boufflers.

(3) Le bombardement de Lille, en 1792, par les Autrichiens.

L'éclair s'élance de vos flancs ;
En vain les ennemis vous frondent,
A tous leurs feux vos feux répondent,
Et la mort moissonne leurs rangs.

Guidés par Teschen, ils s'avancent
Pour escalader vos remparts (1) ;
Mais les foudres que vos mains lancent
Les ont frappés de toutes parts.
Ainsi le maître du tonnerre,
Confondant les fils de la terre
Debout sur leurs monts entassés,
Lançait une foudre certaine,
Et faisait voler dans la plaine
Leurs membres sanglants dispersés.

Hélas ! aux jours de la vengeance
Succédèrent des jours d'horreur :
Une hydre vint, qui sur la France
Souffla le trouble et la terreur.
Forcés de céder aux alarmes,
On vous vit déposer ces armes,
De la cité noble trésor ;
Mais en vain grondaient les orages,
Dans nos cœurs, de vos grands courages,
Le souvenir vivait encor.

Cependant, l'étoile brillante
Qui présidait à vos succès,
Dans notre ville triomphante
Guide le héros des Français ;
Il voit, il suit la noble trace

---

(1) Les Autrichiens étaient commandés par le duc de Saxe-Teschen.

Qui de notre savante audace
Attestait les nombreux exploits;
Sa grande âme en est agitée,
Et votre phalange indomptée
S'anime et renaît à sa voix (1).

Aussi, quand sa vaste pensée
Méditant le sort des États,
Par d'heureux souvenirs fixée,
Vient s'arrêter sur ces climats,
A votre aspéct, il est tranquille ;
Il sait que pour défendre Lille,
Vous êtes là, vous existez,
Et que, bravant des coups terribles,
Ses remparts sont indestructibles....
Votre sang les a cimentés.

Vous remplirez son espérance,
Et cet étendard protecteur,
Donné par la reconnaissance,
Sera gardé par la valeur :
Voyez sa légende immortelle !
Le superbe vainqueur d'Arbelle
N'avait pas d'oracles plus sûrs ;
Guerriers dont la France s'honore,
Vous fûtes, vous serez encore
L'invincible appui de nos murs (2).

E. DE PRADEL,
Membre de la Société philologique de Lille.

(1) Les Canonniers sédentaires de Lille, dispersés pendant les orages de la révolution, ont été recréés et réunis en l'an XI par le premier consul.
(2) Allusion au drapeau donné par la ville de Lille, lequel porte pour légende : *Murorum invicta defensio.*

Les Canonniers Lillois,

Couplets chantés à la fête des Canonniers, en 1837.

Air : Dis-moi, soldat, dis-moi, t'en souviens-tu ?
(Clé du Caveau 904.)

Un vétéran, fameux dans notre histoire,
Dont les hivers ont blanchi les cheveux,
Au compagnon qui partagea sa gloire,
Chantait ainsi ses exploits glorieux .
« Sur nos remparts, que sillonna la flamme,
» Jeunes encor nous avons combattu ;
» Gloire et patrie électrisaient notre âme...
» T'en souviens-tu, dis-moi, t'en souviens-tu ?

» Te souviens-tu de ces jours de vengeance,
» Quand un barbare embrasait nos foyers ?
» Te souviens-tu, que fidèle à la France,
» Chacun de nous se couvrit de lauriers ?
» Quand OVIGNEUR, aujourd'hui dans la tombe,
» Grand citoyen, modèle de vertu,
» A l'ennemi rendait bombe pour bombe ;
» T'en souviens-tu, dis-moi, t'en souviens-tu ?

» Te souviens-tu de ces jours pleins d'alarmes,
» Lorsque l'Anglais descendit sur nos bords ?
» Chacun de nous avait saisi ses armes ;
» Rien ne pouvait maîtriser nos transports.
» Mais, foudroyé d'une terreur subite,
» L'Anglais farouche a bientôt disparu,
» Et l'incendie a signalé sa fuite....
» T'en souviens tu, dis-moi, t'en souviens-tu ?

» On vit alors, pour garder la frontière,
» Chaque Lillois redevenu soldat,
» Mais, ô douleur ! la fièvre meurtrière
» Est inhérente à cet affreux climat.
» Un feu brûlant dévorait nos entrailles,
» Et l'on nous vit d'un œil morne, abattu,
» Souffrir l'horreur de mourir sans batailles...
» T'en souviens-tu, dis-moi, t'en souviens-tu ?

» Te souviens-tu, qu'en sa course féconde,
» L'heureux vainqueur des peuples et des rois,
» Ce conquérant qui fit trembler le monde,
» Vint dans nos murs admirer nos exploits ?
— » Ce beau pays, boulevard de la France,
» Avec valeur vous l'avez défendu ;
» Que deux canons soient votre récompense. » —
» T'en souviens-tu, dis-moi, t'en souviens-tu ?

» Te souviens-tu de ces jours de souffrance
» Où dans l'honneur le Lillois affermi
» Répondit : Non ! et pour sauver la France
» Pendant huit jours affronta l'ennemi !...
» Mais aujourd'hui les destins sont prospères,
» Et l'étranger que nous avons vaincu
» Redit encore, en songeant à nos pères :
» T'en souviens-tu, dis-moi, t'en souviens-tu ! »

(1845.)

Ce monument élevé par la gloire
Qu'avec amour contemple notre orgueil,
Dira nos noms au burin de l'histoire,
Quand nous serons descendus au cercueil ;
Fier des hauts faits dont l'éclat l'environne
Un peuple entier, honorant la vertu,
Répète en chœur aux pieds de la colonne :
T'en souviens-tu, Lillois, t'en souviens-tu !

Dupont, de Seclin.

L E S

Canonniers Lillois.

Air des Trois Couleurs.

D'un beau renom acquis par le courage .
Fêtons , amis , l'immortel souvenir ;
De nos anciens une historique page
Porte les noms aux siècles à venir.
En héritant de leurs titres de gloire
A nos respects rappelons-nous leurs droits.
Juste Clio , tu gardes la mémoire
Des canonniers (*ter*) lillois.

Des rois jadis l'affreuse tyrannie
Courbait nos fronts sous un joug détesté :
Il fut brisé !... La France rajeunie
Sembla renaître avec la liberté.
Autrichiens , jaloux de notre gloire .
Souvenez-vous de respecter nos droits.
Juste Clio , etc.

Vingt nations déchaînent sur la France
De leurs soldats les nombreux bataillons ;
Braves Lillois , trompant leur espérance
« *D'un sang impur arrosez vos sillons.* »
Digne toujours de son antique gloire
Le peuple libre a su garder ses droits.
Juste Clio , etc.

La France , un jour , usant de représailles ,
Chez l'étranger fut imposer ses lois ;
Et la victoire , après trente batailles ,
A ses genoux vint jeter trente rois !
NAPOLÉON , en ces beaux jours de gloire ,
A son estime a proclamé nos droits. (1)
Juste Clio, etc.

O Liberté ! qu'avec lui sur le trône
A fait asseoir notre Roi-Citoyen ;
Veille sur nous , veille sur sa couronne ,
Reste toujours son plus ferme soutien !...
Et s'il le faut , avec honneur et gloire ,
La mèche en main nous défendrons tes droits.
Juste Clio , etc.

Colonne sainte où Lille calme et fière
De nos aïeux répète le serment ,
Nous saluons ton aurore première ;
Rappelle à tous leur noble dévoûment !
Si du passé tu nous redis la gloire ,
De l'avenir tu réserves les droits.
Juste Clio ! etc.

Emile DURIEUX.

(1) En 1803 , le premier consul fit présent au Corps des Canonniers, de deux pièces de canon, en mémoire du siége de 1792.

LE CANONNIER LILLOIS,

**Couplets chantés par l'Auteur dans un banquet où se trouvaient
M. le Capitaine OVIGNEUR, et M. BRA, le Statuaire.**

Musique de C. BÉCU,

AIR : Muse des jeux et des accords champêtres. (Clé du Caveau 394.)
Ou : Contentous-nous d'une simple bouteille. (Clé du Caveau 105.)

Enfants du Nord, la civique couronne
Ombrage encor le front du canonnier ;
La faux du temps qui constamment moissonne,
A respecté les jours du vieux guerrier ;
De ces remparts l'écho redit encore :
Seul, mon serment me dicte ici des lois,
Et mes foyers, que la flamme dévore
Ne verront plus le canonnier lillois !....

Brave OVIGNEUR, ton nom doit te survivre,
Qui mieux que toi servit la liberté ?
Pour toi, mourir n'est pas cesser de vivre,
L'honneur conduit à l'immortalité !
Éternisons sa réponse héroïque,
BRA, LILLE ici t'en presse par ma voix :
Que sous ta main, le bronze germanique
Prenne les traits du canonnier lillois ! !

Jeune guerrier, les palmes de la gloire
Croissent encor pour qui sait les cueillir,

Peut-être un jour, les pages de l'histoire
De tes exploits instruiront l'avenir.
Peut-être un jour, recueillant l'héritage,
Dont la valeur assure ici les droits,
Tu recevras l'étoile du courage
Des nobles mains du canonnier lillois !

Si l'étranger franchissait la frontière,
Sous nos remparts s'il reportait ses pas,
Il reverrait, sous la triple bannière,
Il reverrait un peuple de soldats !
Oui, sous ses pas s'entrouvrirait la tombe
De ses aïeux, les vaincus d'autrefois,
Et sur sa tête éclaterait la bombe
Que lancerait le canonnier lillois.

DUBUS-BONNEL, de Lille.

1842

Gloire à nos Pères !

Chant civique lillois,

Dédié à la mémoire des Défenseurs de Lille pendant le bombardement de 1792.

Par Emile DURIEUX.

Chanté au Théâtre, le 9 octobre 1842 (cinquantième anniversaire).

— ·· —

Air de la Marseillaise.

Honneur, honneur, gloire à nos pères !
Qu'immortel soit leur souvenir !
Leur vaillance a sauvé naguères
La patrie et son avenir.   (*bis*).
Le duc Albert en vain se flatte
D'asservir leurs nobles remparts ;
De l'aigle arrogant des Césars
Sans les vaincre la foudre éclate ! !
Honneur à nos Aïeux ! ils ont bien mérité
De leur pays (*bis*) et de la liberté ! ! !

A l'aspect de leur ville en flamme,
L'héroïsme de nos Aïeux
Même au sein des dangers s'enflamme,
Nuit et jour il veille en tous lieux.   (*bis*).
André repousse à la commune

D'Albert l'audacieux cartel ;
OVIGNEUR, Lillois immortel !
Brave et la bombe et la fortune ! !
   Honneur à nos Aïeux ! etc.

Dix jours entiers le canon tonne,
Le feu dévore leur cité,
Du péril qui les environne
Ils triomphent avec gaîté !   (*bis*).
De l'ennemi bravant la haine,
Leurs canons répondent aux siens ;
De plusieurs milliers d'Autrichiens
Le sang impur rougit la plaine ! !
   Honneur à nos Aïeux ! etc.

Jours de triomphe ! jours de gloire !
Votre souvenir précieux
Consacre à jamais la mémoire
De nos héroïques Aïeux !   (*bis*).
Qu'un monument de leur courage
S'élève dans notre Cité,
A leur noble intrépidité
Qu'il rende un éternel hommage !
   Honneur à nos Aïeux ! etc.

Aux Gardes nationaux en députation.

A vous, qu'en ces jours de détresse,
L'on vit voler à leur secours ;
Aujourd'hui notre voix s'adresse,
Que vos noms soient bénis toujours ! (*bis*).
Vos fils, ici, fiers de leurs pères,
Avec nous vantent vos exploits,
Comme nos aïeux autrefois
Nous fêtons des amis, des frères !
   Honneur à nos Aïeux ! etc.

LE SIÉGE DE LILLE

(29 septembre 1792.)

Air : T'en souviens-tu ? (Clé du Caveau N ° **904**.)

Du peuple, un jour, quand éclata la foudre,
Dieu lui disait : « Entends et crois ma voix,
» Assez de temps, ton sang a teint la poudre,
» Reprends ton rang, deviens l'égal des rois ! »
La France alors, qu'enflammait le génie,
Sut conquérir ses droits, sa liberté ;
Ta lutte, à toi, contre la tyrannie,
Lille, t'élève à l'immortalité.

Notre patrie avait brisé sa chaîne,
Mais l'étranger veut lui rendre des fers ;
La trahison, que seconde la haine,
A, contre nous, déchaîné l'Univers ;
En évoquant les discordes civiles,
Un tigre altier fond sur notre cité ;
Lille, tes murs étaient des Thermopyles
Qui te vouaient à l'immortalité.

Mais à l'aspect de ces sombres cohortes,
Tes nobles fils veulent vaincre ou mourir.
Albert te dit : « Aux rois, ouvre tes portes !
« Son envoyé te somme d'obéir ; »
Alors ta voix répond à ses injures :
— « Notre serment est pour la liberté,
« Et les *Lillois* ne sont pas des parjures ! »
Répondre ainsi c'est l'immortalité.

Alors, soudain les bombes mugissantes,
De la Cité font un champ de débris ;
Et, sur cent points, des flammes jaillissantes,
Des citoyens dévorent les abris ;
Partout, enfin, dans ce jour tant célèbre,
La mort frappait d'un coup précipité ;
Et du tocsin tintait le glas funèbre ;
Il t'annonçait ton immortalité !

La nuit survint, et dans sa joie atroce,
Albert contemple un phare étincelant,
C'est Saint-Etienne !... et l'assaillant féroce,
Croit sur ton front poser ùn pied sanglant
Il ne sait pas qu'un peuple magnanime
Peut perdre tout, hors honneur, liberté !
Et d'*Ovigneur,* la réponse sublime,
Lille, te voue à l'immortalité !

Malgré le feu, la terreur, le carnage,
Pour le pays, brûlant d'un saint amour,
De tes enfants, relevant le courage,
Tu redisais à ces soldats d'un jour :
« Sur ces remparts que le canon lézarde,
» Monte avec vous la sainte égalité !
» Sachez mourir, la France vous regarde,
» Un tel trépas est l'immortalité ! »

Tu baptisas la nouvelle oriflamme
Dont les couleurs protégeaient la cité ;
Huit jours tonna la ceinture de flamme,
L'aigle germain en fut épouvanté.
Tu triomphas ; ton courage civique,
De la patrie avait bien mérité !
Garde toujours ton diadème antique,
Lille, pour toi, c'est l'immortalité !

C. Schneider·

LE SIÈGE DE LILLE

en 1792,

Raconté en patois de Saint-Sauveur.

———————

AIR : Libédo.

Y a chinquante ans qu'no ville
A été bombardée,
Chés soldats à trint'-mille
Étot' bien décidés.
Y pensott' qu'leu vaillance
Aro su fair' tranner,
Ils ont bien vu qu'in France
Un savo batiller.
Libédo, libédo, libédo, ton, ti, ton, taine,
Libédo, libédo, libédo, ton, ti, tra, la, deri, dera.

De l'part du roi d'Autriche
Y vient un officier :
« Vos masons, vos égliches,
» Y dit : J'vas tout brûler ;
» Si vous n'volez mes drôles,
» Accouter mes raisons,
» Vrai, comme j'ai de l'parole,
» J'vas tout mette in carbon. »
Libédo, libédo, etc.

Va t'in dire à tin maite
Qu'les Lillos ont du cœur,
Et qui peut mett' din s'tiète
Qui n'leu f'ra jamais peur,
Y vont fair' résistance

Malgré bombe' et boulets,
Et morront pou la France
Avant qu'te soiche intré.
Libédo, libédo, etc.

ANDRÉ, l'mair de no ville,
Répond à l'officier :
« Avant d'intrer din Lille
» Faura nous écraser.
» Ichi y n'y a point d'lâches,
» Et nous v'nons de jurer,
» D'puto morir su l'plache
» Que d'nous vir inquennés. »
Libédo, libédo, etc.

Tout l'monde in général'
Cri ! viv' la liberté !
Chés réponses nationales
Des Lillos adopté,
Faitt' vir' qu'un a confiance
A RUAULT et ANDRÉ,
Et qu'à l'frontièr' de France
Ne pass' point l'étrenger.
Libédo, libédo, etc.

V'là chés soldats d'Autriche,
Pour tout épouvinter,
Qui qu'minch'-te l'exerciche
Aveuc des roug's boulets,
Vingt-quat' quennons, chés traîtes,
Et au moins douz' mortiers,
Ils avoint idée d'mette
Le fu de tout côté.
Libédo, libédo, etc.

Tous les citoyens d'Lille ,
Aveuc les calonniers ,
Les bataillons qu'in ville
Un avo fait rester ,
Dijoint véant ch'carnache :
« Nous avons des bons bras ,
» Quand' qu'tout tro au pillache
» N'y aro point d'embarras. »
Libédo , libédo , etc.

L'princess' rimplie d'malices .
Qui volo s'amuser ,
A faire' d'z'artifices
Aveuc ses bombardiers ,
A plein' main tenant l'mêche
Pou mette' fu au mortier .
Là , comme pou s'mette in brèche ,
Al' savo sin métier.
Libédo , libédo . etc.

T'mason brûll', queu damache ,
Un dit à Ovigneur :
« Ch'est d'z'affair' de ménache ,
» N'y a point là grand malheur ;
» T' n'as qu'aller dire à m'feimme
» Qu'al' appell' les pompiers ,
» Et qu'à n'soich' point en peine ,
» Car din m'poche j'ai mis l'clé. »
Libédo , libédo , etc.

V'là eunn' bomb' qu'al' fracasse
Tout l'marqué aux moutons ,
Sitôt l'péruqué *Masse*
Impoine euch' l'occasion
D'continter ses pratiques

Qui voloint s'fair' raser ;
Et y fait sin boutique
Au mitant du pavé.
Libédo, libédo, etc.

De cheul' bomb' y ramasse
Un morcieau égeulé,
D'pla à barb' pu cocasse
Un n'n'a jamais treuvé ;
Se mettant à l'ouvrache,
Che fameux péruqué,
Sur vingt et un visaches
Il a fait sin métier.
Libédo, libédo, etc.

Neuf jours, point davantache,
L'carillon a duré,
Et puis chés gins d'corache
Ont qu'minché à tranner.
On leu tuo tant d'hommes,
Qui s'ont mis à compter,
L'affaire n'éto pu bonne,
Ils ont tertous piché.
Libédo, libédo, etc.

Din l'nuit, ployant bagache,
Important leux blessés,
Leux caissons, leux z'att'laches,
Leux quennons ingueulés ;
L'général à leu tiète,
Qui avot qu'mandé l'fu,
Eto obligé d'mette
Ses deux pauch' à sin c...
Libédo, libédo, etc.

MORALE.

Autrichiens u Cosaques,
Russiens ou bien Inglès,
Vous attrap'rez des claques
Si jamais vous r'venez.
J'vous dis cha sans colère,
Profitez d'mes leçons,
Sachez ben que d'nos pères
Nous somm' tous les garchons.
Libédo, libédo, libédo, ton, ti, ton, taine,
Libédo, libédo, libédo, ton, ti, tra, la, deri, dera.

L. H.

LA

LILLOISE,

CANTATE.

Musique de M. Ferdinand LAVAINNE.

Victoire ! victoire !
Retentissez , trompettes de l'histoire !
Que dans les airs flottent nos étendards !
Lille a repris sa couronne de gloire ,
    Victoire ! victoire !
Un demi-siècle a béni nos remparts.

A nous les fleurs , les palmes séculaires ,
Nos chants guerriers vont réjouir les cieux ,
Couvrez, enfants, de lauriers populaires ,
Les cheveux blancs de vos nobles aïeux.
Debout ! debout ! ô Flandre toujours fière !
Que dans tes murs on enchaîne le temps ;
Fais éclater ta foudre meurtrière ,
Car son sommeil a duré cinquante ans.
    Victoire ! victoire !
Retentissez , trompettes de l'histoire !
Que dans les airs flottent nos étendards !
Lille a repris sa couronne de gloire ,
    Victoire ! victoire !
Un demi-siècle a béni nos remparts.

Il t'en souvient , cité victorieuse ,
— La France alors affrontait l'univers ;
Quand du Germain la horde furieuse

Des émigrés te rapportait les fers ?
Regarde au loin..... dans tes plaines fertiles,
Albert de Saxe a foulé tes sillons ;
Honte au drapeau des discordes civiles !
La liberté dressa nos bataillons.
  Victoire ! victoire !
Retentissez, trompettes de l'histoire !
Que dans les airs flottent nos étendards !
Lille a repris sa couronne de gloire,
  Victoire ! victoire !
Un demi-siècle a béni nos remparts.

Que pourraient donc de sanglantes injures ?....
Notre serment est serment immortel.
« Lille, jamais, n'enfanta de parjures ;
Reprends, Albert, ton insolent cartel !... »
Sus, aux remparts, enfants de la patrie,
A vous le feu, la poudre et le canon ;
Des étrangers nous bravons la furie....
On peut tomber, mais s'avilir, oh ! non !
  Victoire ! victoire !
Retentissez, trompettes de l'histoire !
Que dans les airs flottent nos étendards !
Lille a repris sa couronne de gloire,
  Victoire ! victoire !
Un demi-siècle a béni nos remparts.

La haine au cœur, oublieux de leurs peines,
La foudre en main et défiant le sort,
Nos canonniers, pour épurer nos plaines,
Dans vos carrés lanceront mille morts...!!
Tremblez ! tremblez, honteux troupeaux d'esclaves,
La France en nous a remis son espoir,
Et les Lillois savent que pour des braves

Vaincre ou mourir est un noble devoir.
  Victoire ! victoire !
Retentissez , trompettes de l'histoire !
Que dans les airs flottent nos étendards !
Lille a repris sa couronne de gloire,
  Victoire ! victoire !
Un demi-siècle a béni nos remparts.

En vain sur eux tombera la mitraille !
Leur poste est là.... dussent-ils y mourir !
Et feu pour feu , bataille pour bataille ,
Sous leurs drapeaux ils sauront tout souffrir.
Dans nos foyers , la Liberté respire ,
Pour elle ils vont précipiter leurs coups ;
Et pour sauver les portes de l'empire ,
Ils ont juré de vous écraser tous !
  Victoire ! victoire !
Retentissez , trompettes de l'histoire !
Que dans les airs flottent nos étendards !
Lille a repris sa couronne de gloire,
  Victoire ! victoire !
Un demi-siècle a béni nos remparts.

L'obus éclate !... et vingt serpents de flamme
En longs anneaux roulent sur nos abris.
De Saint-Étienne une ardente oriflamme ,
N'éclaire plus que de vastes débris.
Mais , comme Etna s'agite , gronde et tonne,
Tels nous allons tout réduire en leurs camps !
D'un tigre altier, l'heure dernière sonne ,
Car la vengeance allume nos volcans.
  Victoire ! victoire !
Retentissez , trompettes de l'histoire !
Que dans les airs flottent nos étendards !

Lille a repris sa couronne de gloire,
    Victoire ! victoire !
Un demi-siècle a béni nos remparts.

En mille éclats nos bombes plébéïennes
d'Albert, déjà, détruisent les chantiers ;
Et, sciant l'air, nos foudres citoyennes
Touchant leur but, déchirent ses mortiers.
Courage, enfants ! l'Europe vous contemple !
De cette nuit date votre grandeur.
Offrez au monde un magnanime exemple :
La France un jour vous devra sa splendeur.
    Victoire ! victoire !
Retentissez, trompettes de l'histoire !
Que dans les airs flottent nos étendards ;
Lille a repris sa couronne de gloire,
    Victoire ! victoire !·
Un demi-siècle a béni nos remparts.

Lillois, bientôt cesseront vos alarmes :
Le jour succède aux ombres de la nuit ;
Mais, ô surprise !.... et triomphe à nos armes,
L'horizon s'ouvre.... et les lâches ont fui !
Honneur à vous ! preux de quatre-vingt-douze,
Ah ! du pays, vous avez mérité ;
Et de ses fils, Lille est fière et jalouse :
Ils ont vaincu : vive la liberté !
    Victoire ! victoire !
Retentissez, trompettes de l'histoire !
Que dans les airs flottent nos étendards !
Lille a repris sa couronne de gloire,
    Victoire ! victoire !
Un demi-siècle a béni nos remparts.

A. JOMAIN.

HOMMAGE

Aux Défenseurs de Lille en 1792,

ODE

Par A. BIANCHI. (1)

Aux armes, citoyens !

Jubilé glorieux, auguste anniversaire,
Enfin tu vas placer le laurier populaire
Au front des plébéiens, morts pour la liberté ;
Tambours, battez aux champs !... la couronne civique,
Comme aux temps oubliés de notre République,
  Couvre l'immortelle cité !

Honneur à vous, Lillois !... Françaises Thermopiles,
Vos murs, tout de granit, ont protégé nos villes
Que la ligue des rois menaçait en courroux :
Ici l'ère nouvelle a reçu son baptême ;
Vous étiez sous le feu dans cet instant suprême,
  Républicains, honneur à vous ! ! (2)

L'infâme trahison veillait jusqu'à vos portes ;
Du transfuge Condé les honteuses cohortes,
Livraient Longwy, Verdun, aux mains de l'étranger ; (3)

---

(1) Cette Ode a été couronnée par la Société royale des sciences et arts de Lille en 1842.

(2) C'était quelques jours plus tôt que la Convention nationale avait décrété l'établissement de la République française.

(3) Beaucoup d'officiers ne commandaient les forces de la France qu'avec l'intention de la trahir ; leur désertion, qui eut lieu plus tard, le prouve trop.

C'était, pour la noblesse, une brillante fête ;
La France désolée avait voilé sa tête
    La patrie était en danger !

Debout, soldats d'un jour, la France vous regarde,
Du pays menacé vous êtes l'avant-garde :
Toujours aux plus vaillants sont dûs les grands périls :
Il faut, fils courageux, défendre votre mère ,....
Lorsque ses ennemis ont franchi la frontière,
    Diriez-vous donc : Combien sont-ils ?

Non !.... d'Albert le Saxon la voix s'est fait entendre ;
Choisissez, citoyens, ou périr ou vous rendre,
L'opprobre avec la vie ou la mort et l'honneur :
Votre choix est fixé, votre réponse est faite ;
Sorti de vos canons, le boulet qu'on apprête
    Sera le messager vengeur !

ANDRÉ, calme, se lève, en vos cœurs magnanimes
Il fait vibrer soudain ces paroles sublimes :
« Nous, Magistrats élus, au nom de la Cité,
» Dussent nos murs détruits être nos sépultures ,
» Combattons ! les Lillois ne sont pas des parjures,
    » Nous mourrons pour l'égalité ! »

Des bataillons nombreux ont envahi la plaine ;
Trois fois a retenti la trompette germaine,
Et ses sons méprisés n'ont plus trouvé d'écho :
Qu'ils deviennent pour eux le glas des funérailles !
Ils croyaient, insensés, abattre nos murailles ;
    Comme celles de Jéricho ! (1)

(1) Le commandant de l'artillerie , Guiscart, entendant les sommations faites par le major d'Aspes , s'écria : « Les fous , ils croyent faire tomber les murs de Lille comme les tours de Jéricho ! »

Bientôt sur nos remparts, roulant comme la foudre,
Le fer qu'ils ont rougi vient tout réduire en poudre,
Les bombes, les obus, vomissent le trépas ;
En vain, de mille feux, ils embrasent la ville,
Fidèle à son serment, le Lillois meurt tranquille....
      L'homme libre ne faillit pas !

Neuf jours, oui, neuf grands jours la ceinture de flamme
Salua dans les airs la nouvelle oriflamme,
Le drapeau de Juillet devint un vieux drapeau ; (1)
Comptez des trois couleurs les larges déchirures ;
L'étranger seulement imprima ces blessures,
      Français, votre étendard est beau ! !

Tout se tait, on attend, pendant la nuit obscure,
Albert veut dérober sa honte et son injure ;
Il fuit abandonnant une armée aux abois,
Et l'Univers apprend qu'un peuple sans défense,
Fort de son juste droit, son unique espérance,
      A vaincu les suppôts des rois !....

Sparte, la Grèce a vu, de tes malheurs touchée,
La dernière auréole à ton front attachée,
Et sur Léonidas elle a versé des pleurs ;
Mais Lille, brave aussi, réclame sa couronne,
Plus heureuse que toi, lorsque son canon tonne,
      C'est pour célébrer des vainqueurs !

Aux chefs des combattants, honneur de nos annales,
Décernons aujourd'hui les palmes triomphales,
André, *Ruault*, *Rohart*, *Ovigneur* et *Bryan*,
Enfin l'heure a sonné, vos âmes satisfaites

---

(1) Il est inutile de rappeler que le drapeau tricolore tire son origine de la Bastille.

Verront, avec orgueil, inscrire dans nos fêtes,
　　Vos noms, grands par le dévoûment !

La France entière, ô Lille, applaudit à ta gloire,
Du haut de la tribune un long cri de victoire
Répondit et frappa le monde épouvanté :
De la Convention c'était la voix chérie
Qui proclamait à tous : Français, *de la patrie*
　　Les Lillois ont bien MÉRITÉ ! ! !

Mes frères, honorons ce jour dans notre histoire,
Il est pour les tyrans un jour expiatoire,
Pour nous un souvenir qu'en nos cœurs nous gardons :
Si l'ennemi vaincu compte sur nos alarmes,
S'il croit que nous avons brisé nos vieilles armes,
　　Qu'il vienne encor, nous l'attendons !....

Chant héroïque

A l'occasion du 50.me anniversaire du siége de Lille,

(8 OCTOBRE 1842)

Paroles de N. SELIK , musique de C. BÉCU , dit Bernon.
Ou AIR : Prenons d'abord l'air bien méchant ! (Clé du Caveau 472.)

Canonniers, qui de nos remparts
Défendites si bien l'entrée,
L'aigle, en voyant vos étendards,
Sentit sa défaite assurée. (*bis*)
On demandait à haute voix
Un monument de votre gloire ;
Lille, fière de tant d'exploits,
Vient d'en consacrer la mémoire. } *bis*.

Je ne puis laisser dans l'oubli
OVIGNEUR, ce preux capitaine ;
Son poste une fois établi,
Il fit comme le grand TURENNE : (*bis*)
Sa femme était en pleurs, grand Dieu !
Et sa maison était en flamme !
— « Canonniers, rendons feu pour feu, } *bis*.
Amis, prenez soin de ma femme. »

Notre municipalité,
Que la France entière contemple,

De bravoure et fidélité
A la ville donna l'exemple. (*bis*)
Elle répondit fièrement,
A de honteuses ouvertures :.
« Fidèles à notre serment
« Jamais nous ne serons parjures. » } *bis.*

Obusiers, bombes et canons,
Tout parle encor de votre gloire
A l'immortalité vos noms .
Déjà sont inscrits par l'histoire. (*bis*)
De lauriers couronnons leurs fronts,
Aux canonniers rendons hommage !
C'est un prix que tous nous devons } *bis.*
A leur victoire, à leur courage.

A NOS PÈRES DE 1792.

1 monument durable atteste votre gloire ;

7 jours entiers, Lillois, vous fûtes des héros !

3 est un pareil fait dans notre vieille histoire ;

2 fois ne brillent pas des courages si beaux !!

Emile Durieux.

Chant guerrier

A L'OCCASION DU BOMBARDEMENT DE LILLE (1792).

Paroles de V. D. , musique de C. Bécu (dit Bernou).

Lillois, qu'avec fierté,
Chacun de vous s'écrie :
Liberté !
Par toi, de la patrie,
Lille a bien mérité !
Vive la liberté ! (*quater*)

Lorsque la colère des rois
Contre elle vomit leurs cohortes,
Quand de leurs cent canons, la voix
Vint la sommer d'ouvrir ses portes,
Notre noble et fière Cité,
Au monde, à l'Europe, à la France,
Prouva ce que peut la vaillance   } *bis.*
Et l'amour de la liberté.
    Lillois, etc.

Nos canonniers, sur les remparts,
Debout et noircis par la poudre,
De l'aigle orgueilleux des Césars,
Ont huit jours défié la foudre ;
Et quand la bombe et ses éclats

Réduisaient notre ville en cendre,
Pour la servir et la défendre,
Tous nos pères étaient soldats. } *bis.*
    Lillois, etc.

Au bruit des canons étrangers,
Nos voisins, nos amis, nos frères,
Viennent partager nos dangers
Et le triomphe de nos pères.
Lien de la fraternité,
Albert, devinant ta puissance,
S'enfuit, et le sol de la France
Te doit encor sa liberté. } *bis.*
    Lillois, etc.

LE SIÉGE DE LILLE DE 1792.

Quatre-vingt-douze ! ô temps fameux en nos annales !
Où rayonne, au milieu d'ignobles saturnales,
    Le saint nom de la Liberté !
Chaos où se heurtaient l'infamie et la gloire,
Temps qu'il faut rappeler sans cesse à la mémoire
    Des enfants de notre cité,
Salut ! car à ta vue, hélas, si plus d'un frère
Doit abriter son front dans l'ombre et la poussière
    (Front rouge de honte ou de sang),
Lille n'a pas trempé ses mains dans cette fange,
Ses fils ne craignent pas que l'histoire se venge
    Et les stigmatise en passant.
Quand Paris sans pudeur se roulant dans l'orgie,
Hurlait, s'abandonnant, au sein de l'infamie,
    Aux baisers des septembriseurs,
Chez nous on préparait l'autel expiatoire
Où nous allions bientôt obtenir de la gloire,
    Le pardon de tant de fureurs.

L'Europe se liguait : La France chancelante,
Enivrée aux vapeurs de la liqueur puissante
    Dont elle venait de goûter,
Se levait. Les Français, proscrits, tyrans, victimes,
Sans Dieu, sans roi, sans pain, couraient vers les abîmes,
    Sans rien voir, sans rien écouter.
D'insolents étrangers menaçaient la patrie.
Faible, expirante, hélas ! la royauté flétrie,

N'avait à la main qu'un roseau.

Et quand autour de nous s'amassa la tempête,
La couronne arrachée à la royale tête
            Laissait déjà place au couteau.

Aurions-nous abaissé notre front sous la hache,
Comme fait un esclave? ou bien comme le lâche
        Que la mort peut faire pâlir?

Non !.... malheureux celui qui n'a pas dans son âme
Une corde qui vibre, un foyer qui s'enflamme,
            Alors qu'on voudrait l'avilir !

Au malheur opposons sans cesse la constance;
Mais lorsque vient la honte !... Oh ! faisons résistance:
        De l'honneur telles sont les lois.

Il faut que le devoir avant tout s'accomplisse,
Et tout perdre pour lui c'est un doux sacrifice.
            Honneur, honneur, au nom Lillois !

Honneur à ces martyrs de notre sainte cause,
Honneur aux citoyens qu'un jour métamorphose
            En intrépides combattants !

Gloire aussi mille fois à ces vaillantes femmes
Qui virent sans trembler et la mort et les flammes
            Sur le berceau de leurs enfants.

Ombre de nos aïeux ! sortez de la poussière :
Femmes ! enfants ! guerriers ! venez à la lumière
            Qui va resplendir sur vos noms.

Accourez dans l'enceinte, assistez à la fête
Où l'on va couronner l'éloquent interprète
            De tous vos pieux rejetons !

Poètes, déroulez ces tableaux magnifiques,
Et ces chants destinés par vos accords magiques
            A l'avenir le plus lointain.

Montrez-nous ces clochers dont la pointe coquette
Tombait sous les boulets, comme sous la baguette
            Tombaient les pavots de Tarquin.

Montrez-nous les Lillois, couronnant leur muraille,
S'exposant à tomber, frappés par la mitraille
    Ou bien par le globe brûlant !
Montrez-nous l'ennemi, dans sa ligne profonde,
Qui serpentait au loin comme une hydre sur l'onde,
    Nous criant d'un air insultant :
      « La foudre s'irrite et s'apprête ;
      » Elle menace vos remparts ;
      » Elle va frapper votre tête,
      » Vous atteindre de toutes parts ;
      » N'opposez pas un front rebelle
      » A l'impériale faveur ;
      » Ou si, par votre résistance,
      » Vous méconnaissez sa puissance,
      » Redoutez tout de sa fureur ! »

    Dites comment à ce langage,
    Qu'on jetait à notre cité,
    Des Lillois l'antique courage
    Frémit d'une noble fierté.
    En enfants de Lacédémone,
    Méprisant la royale aumône
    Et l'impérial châtiment,
    Ils répondent à ces injures :
    « Nous ne sommes pas des parjures,
    » Et nous tiendrons notre serment.
    » Si le trône ébranlé chancelle,
    » La Patrie est encor debout.
    » Nous vivrons, nous mourrons pour elle !
    » Nous sommes Français avant tout ! »
    Qu'il est noble et fier, ce langage !
    Ah ! répétons le d'âge en âge ;
    Qu'en nos cœurs il soit incrusté !
    Qu'il s'y conserve en traits de flamme !

Qu'on lise sur notre oriflamme :
Dieu, la France et la Liberté !

On avait bien prévu cette réponse fière.
Le bronze était béant ; le globe incendiaire
    N'attendait plus que le signal.
On le donne.... et le fer, illuminant l'espace,
Vient tomber en sifflant sur nos toits qu'il fracasse,
    Qu'il allume comme un fanal.
L'incendie éclairait la nuit couverte et sombre.
Dès qu'on vit circuler, tourbillonner dans l'ombre,
    . Ces astres lancés par l'enfer,
Guerriers, enfants, vieillards, femmes, timides filles,
Ne firent plus qu'un corps de toutes les familles
    Que couvrait la voûte de fer.
A l'effroi d'un moment succédant la colère,
On a vu des enfants s'approcher du cratère
    Des bombes qui couvaient leurs feux,
Arracher aux obus leur mèche menaçante,
Ou poursuivre à grands cris la course bondissante
    Des boulets fuyant devant eux !

    Racontez les traits d'héroïsme
    Que ces grands jours ont enfantés !
    Et le glorieux fanatisme
    Dont les cœurs étaient exaltés !
    Ovigneur qui, voyant la flamme
    Dévorer le toit où sa femme
    Lui donne un fils selon son vœu,
    Se résignant à l'holocauste,
    Disait : « moi, je suis à mon poste,
    » Je vais leur rendre feu pour feu ! »
    Que l'ennemi dans sa furie

Lance des bombes par milliers !
Prodiguant son artillerie,
Qu'il crève canons et mortiers !
Qu'il calcule bien, dans sa rage,
Comment on brise le courage!
Qu'il jette le feu par torrents !
Il n'émouvra plus une fibre :
Quand un peuple veut rester libre,
Que peut la fureur des tyrans!
Voyez-vous, sous la parabole
Que décrit l'obus meurtrier,
La foule intrépide et frivole
Qui se livre au fer du barbier ?
Un éclat de bombe est le vase
Où la main de celui qui rase
Va faire mousser le savon !...
Il opère avec assurance,
Pendant qu'autour de lui l'on danse
Au fracas de tout leur canon.

Et les femmes semblaient oublier leur faiblesse;
Intrépides héros d'une nouvelle espèce,
        Vétérans enrôlés d'hier,
Elles venaient ici, pour panser nos blessures,
Là, pour nous apporter, auprès des embrasures,
        Du pain, du salpêtre et du fer !

Pendant sept jours, sept nuits, sans relâche, la foudre,
Qui sillonnait le ciel, mettait nos murs en poudre,
        Ne cessa de frapper partout.
Les maisons s'ébranlaient sous les sphères brûlantes ;
Et parmi les monceaux de ruines fumantes,
        Les Lillois seuls restaient debout.

Quand il eut épuisé son inutile rage,
L'ennemi, contemplant son détestable ouvrage,
    S'enfuit plein de honte et d'effroi.
Montant sur ses débris, Lille, dans sa souffrance,
Agita le drapeau, signal de délivrance,
    Criant : la victoire est à moi !

« Lille a bien mérité qu'au nom de la Patrie,
» Nous venions couronner cette tête meurtrie
    » Pour le salut de nos foyers !
» Honneur à ces lions qui gardent la frontière ! »
Ainsi parla la France, et Lille, heureuse et fière,
    Se trouva ceinte de lauriers.

Et puis, comme on eût fait pour un vaillant athlète
Qu'auraient suivi les yeux de la foule muette,
    Et qui sort du cirque vainqueur,
On accourut à nous dans un instant de calme,
Et sur le front de Lille on éleva la palme
    Qu'on décerne au libérateur !

On vit de vieux guerriers donner à l'héroïne
Les signes glorieux qui couvraient leur poitrine
    Et qu'en détacha le respect.
Les villes, les hameaux, animés d'un saint zèle,
Envoyaient leurs enfants pour veiller auprès d'elle
    Et se grandir à son aspect.

Les cités inscrivaient Lille sur leurs murailles.
On vit, dans leur ferveur, Draguignan et Versailles,
    Pour rebâtir chaque maison,
Demander au pays les élus du civisme,
Et relever les murs qu'un si noble héroïsme
    Avait marqués de son blason !

Et nous, heureux enfants de ces valeureux pères,
Dont le nom est l'effroi des hordes étrangères,
     Soyons dignes de tant d'honneur !
Que jamais l'ennemi n'entre dans nos murailles
Que prisonnier.... ou bien que pour les funérailles
     De notre dernier défenseur !

Qu'un monument s'élève et puisse, d'âge en âge,
Porter à l'univers le noble témoignage
     D'un fait d'armes si glorieux !
Que le fer ennemi jeté dans la fournaise,
Devienne le héraut de la valeur française
     Dans ce siége prodigieux !

Qu'un roc inébréché représente la ville,
Que sur l'un de ses flancs on lise un seul mot : LILLE.
     Que sur le sommet élevé
Une bombe en éclats lui serve d'auréole ;
Que sur chaque débris de l'éloquent symbole
     Quatre-vingt douze soit gravé.

Qu'on lise au piédestal ces titres de noblesse
Scellés à l'incendie et que la cité laisse
     A la jeune postérité ;
Ce décret glorieux que la France attendrie
A prononcé sur nous : « Français, de la Patrie
     Les Lillois ont bien mérité ! »

Et s'il était permis à celui qui vous chante
De formuler le vœu qui dans son cœur fermente,
     (Pardonnez sa témérité !)
C'est qu'il entende au loin un écho qui réponde,
Qui dise à nos neveux, qui dise à tout le monde,
     Le poète a bien mérité !

Victor DERODE.

CHANT CIVIQUE LILLOIS,

CANTATE

Composée à l'occasion de l'Inauguration du Monument commémoratif
du siége de Lille de 1792,

Paroles d'Émile DURIEUX, musique d'Hipp. BOHEM (1).

CHŒUR.

Ombres de nos aïeux ! tressaillez d'allégresse !
Voyez ce monument, rappelant vos exploits,
Aux siècles à venir les redire sans cesse ;
Ombres de nos aïeux ! tressaillez d'allégresse
    Aux bravos de nos voix !

CHANT.

Lorsqu'aux jours du péril la France vous appelle,
A répondre à sa voix votre voix est fidèle,
Et le Germain vaincu par votre fermeté,
    Menace en vain LILLE et la Liberté !!
Ombres de nos aïeux, etc.

Le canon nuit et jour tonne, la bombe éclate,
D'asservir les Lillois vainement on se flatte !

(1) En vente chez Mme. Ve. BOHEM, marchande de musique ; VANACKERE
et Émile DURIEUX, libraires, Grande-Place. Prix : 1 fr. 50 c. net.

Debout sur les remparts, leur intrépidité
    Rend feux pour feux, et sauve la cité!!
Ombres de nos aïeux, etc.

Noble ANDRÉ, gloire à vous !.. honneur à la commune :
Votre fière réponse enchaîna la fortune ;
Par elle électrisé, dans sa civique ardeur,
    Chaque Lillois devint un OVIGNEUR.
Ombres de nos aïeux, etc.

Sur ce marbre lisez ce que la France crie :
« LILLE A BIEN MÉRITÉ DE SA CHÈRE PATRIE!! »
Regardez-la debout et la mèche à la main,
    Bravant sans peur le défi du Germain!!
Ombres de nos ayeux, etc.

Salut! fille du Nord, reine de la frontière!
Honneur, honneur à BRA (1) qui te fit calme et fière!
Redis avec orgueil à la postérité,
    Que tu sauvas jadis la Liberté.
Ombres de nos aïeux! tressaillez d'allégresse !
Voyez ce monument, rappelant vos exploits,
Aux siècles à venir les redire sans cesse;
Ombres de nos aïeux! tressaillez d'allégresse
    Aux bravos de nos voix !

(1) C'est à M. BRA, statuaire distingué, enfant du département du
Nord, que les Lillois doivent la statue de la ville de Lille qui couronne
la colonne commémorative du siége de 1792.

Le Siége de Lille,

Par A. Jomain.

1792.

—, Capitaine ! capitaine ! votre maison
est en flammes !
— Tu vois l'ennemi, je suis à mon poste
et j'y reste.   OVIGNEUR.

1842.

Victoire ! victoire !
Retentissez, trompettes de l'histoire !
Que dans les airs flottent nos étendards !
Lille a repris sa couronne de gloire ;
Victoire ! victoire !
Un demi-siècle a béni nos remparts !!!

LA LILLÓISE ; A. Jomain.

Lorsque sur tes remparts la foudre gronde et tonne,
Lille, aussi, moi, je veux t'offrir une couronne ;
Sans beaucoup méditer, sans soupirs et sans pleurs,
Je te la veux tresser de mes plus belles fleurs.
L'or et les diamants y manqueront peut-être....
Qu'un autre en l'art des vers soit mon souverain maître,
Qu'il triomphe en la lice.... Il n'importe à mon cœur,
Que du docte tournoi mon chant sorte vainqueur ;
De tous les gens de bien je ne veux qu'un sourire,
Et n'espère aucun prix des accents de ma lyre....
Lille ! ô noble cité ! c'était, il t'en souvient,
L'époque des grandeurs et du mal et du bien ;
Déjà, dans le néant, tombait la félonie !
Au souffle inspirateur d'un siècle à l'agonie,
Déjà le noble cri de guerre où liberté ! !
Sur tous les points du globe avait été porté.
L'Europe contre nous se levait en silence,
Le Russe préparait son coursier et sa lance,

Et le monde apprenait, de ce siècle aux abois,
Qu'un peuple de héros était l'égal des rois !!!...
Aussi, quand le Germain ôsa fouler nos plaines,
Qu'il crut se délasser de ses courses lointaines
Dans nos libres foyers, qu'il pensait conquérir ,
Lille, de tes enfants, qui ne voulut mourir
Plutôt que de se rendre ?.... Ah c'est que la patrie
Est pour chaque Lillois une mère chérie ;
C'est qu'il est avéré, que dans les cœurs flamands,
On trouve de l'honneur les premiers éléments ;
C'est qu'au livre de gloire ils ont voulu souscrire,
Et sauver des Français l'adolescent empire !!!

Hélas ! le temps qui fuit, brisant tout sous ses pas,
Emporta bien des noms dans la nuit du trépas !
Depuis, un demi-siècle a passé sur nos têtes ;
Et le monde agité compta bien des tempêtes !!...:.......

Alors donc que chez nous on vit de toutes parts
L'orgueilleux étranger menacer nos remparts ;
Quand l'Autriche élevant ses poudreuses bannières,
Franchissait à grands pas nôs désertes frontières,
Et que devant nos murs ses rudes bataillons
Foulaient insolemment nos fertiles sillons ;
Ce fut un cri sublime, un noble chant d'alarmes
Qui fit courir soudain les citoyens aux armes ;
Les dangers étaient grands ! nos vaillants fils de Mars
Avaient dû quitter Lille et voler à Famars ;
Mais bourgeois, ouvriers, vieillards, enfants et femmes,
Tous furent embrasés des plus ardentes flammes ;
Magistrats, généraux, citoyens et soldats,
Tout s'unit et voulut prendre part aux combats.
Admirable tableau de la puissance humaine !

Les nombreux ennemis étaient là.... dans la plaine,
Formant leurs bastions, élevant leurs chantiers,
Ajustant sur la ville et canons et mortiers,
Déployant l'attirail d'une guerre effroyable........
Rien chez nous ne fléchit en ce jour mémorable ;
Rien ne vint refroidir ce jour de sainte ardeur
Que Rome eût enviée au temps de sa splendeur........

Comme du sein des mers le flot s'élève et roule,
Des Lillois animés voyez courir la foule :
C'est l'envoyé d'Albert, messager de la mort,
Qui vient dans la cité déplorer notre sort.
— « Que la pitié, dit-il, parle donc à votre âme !
» Sauvez-vous, habitants, du fer et de la flamme !
» Préservez vos foyers, vos femmes, vos enfants,
» Que n'épargneront pas nos soldats triomphants !
» Rendez-vous, ou craignez les horreurs du pillage !
» De Paris révolté livrez-nous le passage !
» La force est en nos mains, et vos faibles remparts
» Ne sauraient résister aux foudres des Césars. »

Honte à jamais sur toi ! séide sans entrailles !
Reporte au fier Saxon tes chants de funérailles !
Dis au farouche Albert, qu'à Lille on sait souffrir ;
Que si l'on ne peut vaincre on sait du moins mourir.
Dis-lui que nous bravons ses brutales injures ;
Que jamais les Lillois ne seront des parjures ;
Qu'ils sauront respecter leur serment solennel,
Et qu'en eux ils ont foi comme dans l'Eternel !.....
Dis-lui qu'il peut lancer les foudres de la guerre,
Que nous redoutons peu son audace vulgaire ;
Que surtout, vers Paris, s'il veut porter ses pas,
Chez les Lillois vivants il ne passera pas ;

Et qu'enfin, dussions-nous succomber de souffrance,
Il est bien glorieux de mourir pour la France ?

.   .   .   .   !!!

Ecoutez !... quel fracas ébranle la cité ?....
Tout s'émeut, tout frémit de rage transporté ;
C'est du féroce Albert l'étincelante bombe
Qui déchire en tombant, tue, et creuse une tombe ;
Aux remparts ! aux remparts ! visons bien dans ses camps ;
Pour le frapper au cœur enflammons nos volcans !
Que le boulet lillois, d'un sang impur avide,
Dans ses rangs labourés laisse un espace vide !!....
Des canons, des mortiers, de la poudre et du fer !
Voici vomir sur nous les gueules de l'enfer !
Voyez ?.... dans ce faubourg, tout s'embrase et s'écroule !
L'incendiaire obus sur nos abris se roule !
Le feu ! le feu partout s'étend avec fureur :
Ici, c'est Saint-Etienne, et là bas, Saint-Sauveur !!
C'est vers ce point surtout que l'assaillant féroce
Précipite ses coups par un calcul atroce ;
Il pense, l'insensé, réduire au désespoir
Le peuple qu'il égorge en son affreux pouvoir ;
Il croit, en l'immolant, soulever sa vengeance,
L'exciter et l'armer contre la résistance......
Mais en vain, en ce jour, il flétrit son blason,
Et de la honte il dut avaler le poison.
Le peuple est là.... debout, dans ce moment d'alarme :
Pas le moindre regret, pas une seule larme !
C'est à lui que, pourtant, le ravage est fatal !
C'est sur lui qu'est fixé l'œil du Saxon brutal !
Traqué dans ses foyers, menacé de famine,
Il est là, sans effroi, contemplant sa ruine ;
Venez, venez le voir ce peuple d'ouvriers,
Suivant de son regard les globes meurtriers

Qui traînent dans les airs de longs serpents de flammes,
Et couvrent la cité d'ardentes oriflammes !
Ah ! c'est en ce moment qu'est la sublimité !
C'est là que l'on comprend la sainte Égalité !
Citoyens et soldats sont tous de même engeance,
Et pour eux il n'est plus qu'un seul cri : la vengeance !!!

Cependant, de la mort, affrontant les hasards,
Nos braves canonniers, du haut de leurs remparts,
Dans les rangs ennemis ont semé le carnage.
Jour et nuit, sans repos, redoublant de courage,
A leur poste on les voit ce qu'on les vit toujours :
Déployant au combat leur foudroyant concours,
Le refouloir en main et la mèche allumée,
Ils sont là.... tout noircis de poudre et de fumée....
Tandis qu'en la cité s'écroulent leurs abris,
Et que la ville en feu n'offre plus que débris ;
Leurs mères, leurs enfants, leurs sœurs que la peur gagne,
Vont chercher un refuge au loin dans la campagne....
Méprisant les dangers, craignant peu pour leurs jours,
D'autres, plus aguerris, apportent leurs secours ;
L'incendie est partout.... Les pompes jaillissantes,
En cet affreux désastre, hélas ! sont impuissantes !
Elles manquent aux bras qui doivent les servir,
Et ta fureur, Albert, peut enfin s'assouvir !!!

Mais lorsque s'écroulaient nos beaux clochers gothiques,
Dans leur chute embrasant les temples, les portiques,
Que nos murs déchirés et nos toits enfoncés
Sur nos parvis tombaient l'un sur l'autre entassés ;
Sans fatiguer les cieux d'une plainte importune,
Voici que tout-à-coup change notre fortune,
Car le Dieu qui survit aux empires éteints,
Veillait sur notre ville et réglait ses destins.

Dès-lors, on vit entrer, la tête haute et fière,
Les vaillants bataillons du brave Lamarlière;
Pour apprendre à mourir ils se sont faits soldats,
Et viennent partager nos périlleux combats......
Bientôt, de toutes parts des pompes tutélaires
Surgissent sur les pas des jeunes volontaires;
Et mille jets puissants des tubes en travail,
Etendent sur le feu leur humide éventail;
Puis, on vient annoncer l'arrivée opportune
Des braves canonniers, citoyens de Béthune!....
C'en est fait ! Ah ! malheur à nos ennemis !.... car
Voici, voici venir les mortiers de Guiscard!....
Allons ! courage, enfants ! l'univers nous contemple;
Dotons notre pays d'un magnanime exemple !
La foudre est dans nos mains, sachons nous en servir :
Qu'il meure le tyran qui veut nous asservir !!
Dans nos cœurs réchauffés est la sainte espérance;
Redoublons donc d'efforts pour épurer la France
De ce monstre qui vient, non pour nous gouverner,
Mais nous charger de fers ou nous exterminer !
. . . . !!
. . . . !!

Que dirions-nous de plus que ne dit notre histoire ?....
On sait que dans nos murs descendit la victoire !
Dirons-nous les succès remportés par nos coups,
Et que sur nos remparts combattaient avec nous
Syracuse, Carthage, Athènes, Sparte et Rome?....
Que tout une cité pensait comme un seul homme?....
Et que huit jours on vit au poste de l'honneur,
Duhoux, Ruault, André, Clarenthal, Ovigneur ?
Dirons-nous qu'en ces jours d'anxiété suprême,
On vit des citadins, pleins d'une audace extrême,
Au milieu des boulets tombant avec fracas,

Se raser l'un et l'autre en face du trépas,
Et prendre pour bassins, dans ces ardentes tombes,
Les éclats anguleux des obus et des bombes !!!

Du banquet des héros, toi que Lille proscrit,
Dans ton histoire, Albert, ce fait est-il écrit ?
Répète-nous les chants célébrant ta vaillance,
Tes exploits glorieux et notre défaillance.....
Lorsque sous nos remparts a péri ton honneur,
Ces chants nous vantent-ils ta gloire et ta valeur ?....
Désormais, diras-tu, toi qui ne peux plus nuire,
Que le peuple flamand est facile à réduire,
Quand pour toujours ce peuple, encor vierge d'affront,
Attacha le mépris et la honte à ton front ?....
Vous que la liberté bénit à son aurore,
Qui vîtes ce triomphe et qui vivez encore !
Vous qui vers nos remparts où s'arrête le temps,
Secouez dans l'oubli le poids de cinquante ans,
Acceptez, en ce jour d'ivresse et de délire,
Ce rameau de laurier détaché de ma lyre ;
Quoique indigne de vous, daignez le recevoir :
Je n'ai pu mieux chanter, mais j'ai fait mon devoir.

El' Bombardemint de Lille,

Racunté par Pierre MANIQUEUX, incien Serviteur, Ogeleux et
Bobaineux.

Air : L'aut' jour in sortant de m'n'ouvrot.
Ou : Si tes marrones quettent met des bertielles.

Dimanch' j'ai vu Pierre Maniqueux,
Je l'ai rincontré à s'coterie ;
Tout l'mond', les jones et les vieux,
Faigeotes un cherque autour de li ;
Ché qui racuntot à chés gins
L'histoire du bombardemint.

(*Parlé.*) C'étot le 29 sétimbre, à 11 heures du matin ; j'étos
su' la Plache, v'là que tout d'un cop, un crie : le v'là... le v'là...
J'cours... j'vos t'un Quinserlic, les yeux bindés, avec une trompette... — Quoiche que ché? — Ché un parlemintaire... —
Quoiche qui vient dire? — Y vient parleminter. — Nom de
Dieu ! si j'avos su putôt qui v'not nous dire qu'un allot tout
brûler din Lille... mett'e nos faimes et nos filles sens sous d'sus,
j'li aurot fichu un' tablette qui li aurot fait vir clair, malgré
ses yeux bindés... Aussi, je l'ai r'conduit au bout du forbou
Saint-Meurice, jusque din ses r'trinchemints, en criant : « A
bas les Quinserlics ! vivent les Lillos !... » Ouh ! quand j'y piuse...
el' bombardemint.... el' bombardemint ... Aussi,

Un parlera din l'an deux mille
Du bombardemint (*bis*) de Lille.

El' même jour, din l'après-denné,
Y étot inviron tros heures,

Un' bombe a queu rue du Croquet ,
Tout l'canton s'est mis en hameure.
Les faimes volotes foute un' triq'
A l'princesse des Quinserlics.

(*Parlé*) Et cha , passe qu'il étot marqué su chelle bombe :
« Ché mi l'avant-garde de Marie-Christine.... » Tout l'monde
peut l'vir incore chelle bombe, elle est peinte en rouge au-d'sus
delle porte de l'mazon uche qu'elle a bourlé , ché au cabaret de
l'Bombe-Eclatinte... Un chacun l'connot... Mais, aussi, l'premier cop d'canon que nous avons tiré , cha été pour ingueuler
l'mortier qui nous l'avot invoyée... Quand l's'Autrichiens ont
fichu l'camp, nous l'avons rintré din Lille... On peut l'vir incore
din l'cour de l'hôtel de nos braves calonniers... Ouh! nous
n'avons vu des dures! Quand j'y pinse... el' bombardemint...
el' bombardemint... Aussi ,

Un parlera din l'an deux mille
Du bombardemint (*bis*) de Lille.

A boulets rouges , les ennemis
Tirotes su' nous sans printe haleine ;
Aussi , bientôt v'là qu'tout l'mond' dit
Que l'fu étot à Raint-Étienne.
J'ai couru , et j'ai arrivé
Tout jusse pour vir brûler l'cloquet.

(*Parlé*.) Chétot un' cose lamintable à vir.... On véot les
flammes qui grimpotes à l'intour de c'cloquet jusqu'à l'girouette...
El' plomb fondu coulot din les richos... Les sommiers qui bour-
lottes, raplatissottes les mazons comme des patards... Et malgré
tout cha , on intindot toudi l'guetteux qui sonnot c'cloque au
mitan de c'fu; tant qu'à la fin, on a pu rien intindu, passeque
chell' cloque avot fondu goutte à goutte... Pour c'guetteux, y
s'a sauvé comme par miracle, je n'sais point commint... Tant
à qui c'étot, eg peux vous l'dire : chétot l'père de Charlemagne
l'bochu, guetteux et géolleux, incore vivant et parlant... c'brave
homme , malgré sin corage, n'a point eu la décoration ni même
un sabre d'honneur... Mais , vous savez, din c'monde... J'n'in

dis point davantage... Ouh! el' bombardemint... el' bombardemint... Aussi,

> Un parlera din l'an deux mille
> . Du bombardemint (*bis*) de Lille.

> Alors , j'demeuros din l'ru d'Pos ,
> Jugez si j'avos tout's mes aises ;
> Par là , din les rues , sur les tos ,
> Les boulets quéottes comm' un' plève.
> J'ai vu , din min pauver canton ,
> Brûler au moins huit chins mazons.

(*Parlé*,) J'ai servi sous Napoléon , j'ai fait les campagnes de
l'impire.,. J'peux bien dire que j'n'ai jamais ren vu d'si terrible... Un a parlé d'Sarragosse... un a parlé d'Moscou... un a
parlé d'aut' villes que je n'sais pu, et pourtant j'y étot; eh bin !
tout cha c'n'étot qu'un fu d'allumettes auprès du fu de nou
paroisse... Un' bombe a queu din l'mazon uche que j'demeuros,
elle a démoli un molin et huit ailes que min père, qui étot r'tor-
deux, avot din sin guernier... Elle a éclaté din nou cambe... y
n'a pu ren resté: ni vites , ni tasses , ni verres , ni cafetière , ni
ren du tout... Infin, pour finir au pus court, ell' a mis fu à no
paillasse, qui l'a mis au bos d'lit, l'bos d'lit au planquet et
l'planquet al' mazon... Tros heures après, y n'restot pus qu' les
quates murs... Quand j'pinse à tout cha qu'nous avons passé...
Ouh! l'bombardemint... l'bombardemint...

> Un parlera din l'an deux mille
> Du bombardemint (*bis*) de Lille.

> V'là incore un nouviau malheur,
> Quand j'y pinse y faut que j'frémiche ,
> V'là qu'on dit : ché fait d'Saint-Sauveur
> Et d'sin cloquet et de s'n'égliche ,
> Tout l'paroisse in désolation ,
> Pour l fégeot des oraisons.

(*Parlé*.) C'étot un biau cloquet que c'ti là, on l'véot de tous

les forbous à deux lieues à la ronde , tant il étot haut ; il étot
tout à dints comme un' soie... et tout à jour comme du dentelet...
il étot tout in pierres d'Avesnes , à cha qu'un tailleux d'blancs
qui li avot mis un morcia·i m'a raconté... Tous les paroissiens
transis... tous flottant su' leux gambes l'vettiotes balocher...
Min bon vieux père digeot toudi : « Y querra,·. y querra,,. »
Infin , y a queu , et min brave homme de père aussi a queu...
y a queu... malade ed chagrin dix-huit ans après, et il est mort
en regrettant sin vieux cloquet dintelé... Que l'bon Dieu euche
pitié de s'n'âme... Ouh! l'bombardemint... l'bombardemint...

> Un parlera din l'an deux mille
> Du bombardemint (*bis*) de Lille.

> Pour fair' inrager l's Autrichiens
> Qui sur nous tirôtes avec rage ,
> Parmi nous gramint d'citoyens
> Ont fait des traits pleins de corage.
> J'min vas vous in dir' deux ou tros ,
> D'les ouïr jamais un s'lass'rot.

(*Parlé.*) D'abord, je n'vous dirai point... passeque cha s'rot
m'louanger.... que j'su un des vingt-deux citoyens qui s'sont fait
faire la barbe din un éclat d'bombe au Vieux-Marqué-Mouton...
C'étot l'perruquier Masse-Hennion qui étot suppôt delle côterie
Saint-Hubert, uche que min père étot doyen, qui nous a rasé
tertous... Puis , je n'vous parlerai point de ce brave calonnier
bourgos qui a laiché brûler s'mazon putôt que de quitter s'pièce...
Ce brave homme , chétot monsieur Ovigneur, maite filtier.
Min père étot un d'ses r'torgeux.... Je l'connaichos comme
min pater... il est mort y n'y a point long-temps... C'étot un
ben brave homme tout d'même... et puis aussi c'boulet qui a
queu sus l'table uche que la municipalité étot à denné... On l'a
laiché là, et on li présentot un verre toutes les fos qu'un buvot...
Et puis... y faut que j'riche... j'avos un p'tit frère qui ramassot
les boulets rouges avec sin capiau pour les porter din l'iau....
Y a brûlé pus d'quinze capiaux... Tenez , din c'moment là, un
étot tout.... je ne sais point comment... Ouh! l'bombardemint...
l'bombardemint...

Un parlera din l'an deux mille
Du bombardement (*bis*) de Lille.

Infin , on a vu p'tit à p'tit
Qu'les Quinserlics allotes d'un' fesse ,
Et puis bientôt par un' biell' nuit
Ont parti sans d'mander leur resse ;
Y ont fichu l'camp au galop ,
Tout courant comm' des moutons sots

(*Parlé.*) Y ont bien fait d'sin aller, car tous les hommes ,
les faimes, les infans, étotes décidés de les laicher intrer din
l'Lille... pour mieux les démolir din les rues... Nom d'un Dieu !
y n'aurot pu resté un pour aller dire à l'empereur des Quinserlics
cha qui s'étot passé... Un les a poursuivis à cops d'balle din l'dos
jusqu'à là bas Hellemmes.... j'étos à leu poursuite aussi mi;
v'là qu'in r'venant par les dondaines , j'vos un Quinzerlic....
bon , eg'di, te va payer l'molin , les aîles , l'paillasse et tout'
l'batterie de cuisine de min père.... J'avanche.., j'vas pour li
foute un atout.... j'vos qu'il est blessé... J'm'arrête... l'homme
bourlé n'a point de force.... J'vos qui brayot.... V'là qui m'pal'
in allemand *cani.... faiche tonne* que j'li dit.... Va, j'te
comprends.... tiens prinds m'capotte, et sauve-toi déguisé si te
veux... Je l'ai laisché là , et j'suis rintré din Lille contint
d'avoir fait un' bonne action.... Allez, je n'ai vu de tous les
sortes.... l'bombardemint.... l'bombardemint....

Un parlera din l'an deux mille
Du bombardemint (*bis*) de Lille.

Chés par chés mots qu'Pierre Maniqueux
A fini d'raconter s'n'histoire ,
Quand un buvot y buvot d'eux ,
Y s'trouvot donc bien in train d'boire ;
Y buvot à tous les momints
A l'honneur du bombardemint...

(*Parlé.*) Malgré cha, on véot bien qui se rappelot qui avot

eune séquoi à dire su l'nouviau monumint ; mait s'lauque
étot trop crasse, ell' n'tournot qu'à mitant dins s'bouque... On a
fini pourtant par intinte qui digeot qu'à l'prochaine assemblée, y
aurot v'nu pour nous parler longuemint de c'monumint glorieux.
Infin, y a tant bu, in l'honneur de c'monumint, qu'in sortant del
coterie, je l'ai r'conduit à s'mazon avec l'assistance du clerc ;
s'femme nous a fait un' tasse de café, et nous avons mis couquer
Pierre Maniqueux, qui répétôt toudi : « Un aut'jour, j'vous par-
l'rai du monumint... awi... quand je n' s'rai pus quervé... Oh !
l'bombardemint.... Oh ! ch'monumint.... nom de nom !...

Un parlera din l'an deux mille
Du bombardemint (*bis*) de Lille.

E. B.,
Auteur du Père Bolis.

VERS

Adressés le 8 octobre 1842 aux Gardes nationaux qui ont assisté à la fête.

—————•◦◦◦•—————

Les voilà ces soldats que notre France appelle,
Ces citoyens armés qui répondent pour elle
    Au premier cri des ennemis !
Le fusil à la main, dans nos fêtes guerrières,
Ils viennent saluer les mânes de nos pères,
    Depuis cinquante ans endormis!

L'espoir est dans leurs cœurs ; ils vivent de l'histoire ;
A leurs yeux éblouis apparaît la Victoire
    Tenant le décret glorieux!
Oh! ce sont bien les jours de la sublime année,
Où des tyrans vaincus la main fut enchaînée
    Par nos héroïques aïeux !

Leurs fils viennent à nous, comme eux pour la patrie
Brûlant d'un saint amour, et dévouant leur vie
    Au pays, à la Liberté!
Enfans de la frontière ils conservent leurs armes,
Le pouvoir s'en émeut, ils bravent ses alarmes,
    Ils gardent le fer indompté!

Mais dans ce jour, au moins, le clairon des batailles
Ne doit pas annoncer de tristes funérailles :

La foudre n'a pas éclaté !
LILLE, toute au bonheur, a brisé les barrières :
Au pied des bastions elle verse à ses frères
            Le vin de la fraternité !

Voilà l'Égalité.... la foule s'éparpille :
Ouvriers et bourgeois ne font qu'une famille
            Pour fêter le grand souvenir.
Partout c'est du plaisir, partout c'est de la joie ;
L'allégresse publique en longs cris se déploie,
            Cris d'espérance et d'avenir !

Écoutez ! dans les airs une voix grave et forte
Tonne, et guide en tous lieux la bruyante cohorte,
            Les rangs se forment plus épais :
Un immense concert s'élance vers la nue,
Vingt mille hommes sont là, debout et tête nue,
            Chantant l'hymne des Marseillais !

Tels, ainsi vous étiez, citoyens d'un autre âge,
Lorsque sur vos fronts purs vint éclater l'orage
            Fomenté par les rois du nord ;
La *Marseillaise* aussi tonnait sur vos murailles.
Ce chant qui préludait aux grandes représailles,
            Vos enfants le savent encor !

Adieu, frères, adieu, nous gardons la bannière,
Les couronnes, les vœux dont Lille sera fière,
            Comme d'un souvenir de vous ;
Le lien fraternel aujourd'hui se resserre,
S'il venait, l'étranger, vous apporter la guerre,
            Nous sommes-là, comptez sur nous !!

                                        A. BIANCHI.

LA LILLOISE,

Paroles et musique de M. Édouard DONVÉ, de Lille.

Dédiée par l'Auteur à ses Concitoyens.

————

Pour célébrer Lille,
Notre belle ville,
Gais enfants du Nord
Mettez-vous d'accord.
Notre Deûle arrose
Le lin et la rose,
Et nos blonds épis.
Notre sol fécond
A l'espoir répond
Par ses beaux produits.
Pour célébrer Lille, etc.

Par notre industrie,
Nous donnons la vie
A cent mille bras;
Si l'honneur parlait,
Bientôt on verrait
Autant de soldats.
Pour célébrer Lille, etc.

Qui donc en silence
Vers nos murs s'avance,
Dieu ! c'est l'ennemi ;

Notre long sommeil
Fait place au réveil.
Car j'entends ce cri :
Pour célébrer Lille , etc.

L'étranger s'étonne ,
Car l'airain qui tonne
Lui porte la mort.
Au pied des remparts
Ses membres épars
Indiquent son fort.
Pour défendre Lille,
Notre belle ville,
Canonniers du Nord
Faites feu d'accord !

La gloire jalouse ,
De quatre-vingt-douze
Se rappellera ,
Et notre Cité,
D'immortalité
Longtemps brillera.
Pour défendre Lille,
Notre belle ville,
Canonniers du Nord
Faites feu d'accord !

LE SIÉGE DE LILLE.

Octobre 1842.

La terrible et sublime année
Déjà précipitait son cours,
Et son étrange destinée
Allait s'assombrissant toujours.
De leurs aïeux, tristes victimes,
Sous dix siècles pesant de crimes,
Les Capets tombaient prosternés,
Et du fond des cachots du Temple,
Montraient aux rois, lugubre exemple,
Leurs fronts nus, leurs bras enchaînés.

Les rois ont frémi ! la frontière
Se couvre d'épais bataillons;
Soudain la Germanie entière
Se lève à l'appel des clairons.
Comme les héros des ballades,
Les Germains des vieilles peuplades
Marchaient, rêvant notre tombeau;
Mais la naissante République,
Les broya dans sa main rustique,
Forte comme Hercule au berceau !

Autour de LILLE la guerrière
L'ennemi naît de toutes parts,
Et l'impériale lumière

Semble dominer ses remparts.
La noble reine de la Flandre,
Invitée en vain à se rendre,
Voit naître, en son sein agité,
Une forte et vaillante armée,
Par un mot, un seul mot formée,
Un mot puissant : La Liberté !

Dix jours la mort et l'incendie,
Vomis par cent bouches d'airain,
Planant sur la ville hardie,
Dévastèrent son noble sein.
Dix jours, les boulets et les bombes,
Serpentant en mortelles trombes,
De sang marquèrent tous leurs pas ;
Et les enfants virent descendre
Plus d'un citoyen de la Flandre
Au banquet de Léonidas !

Dix jours de ses fortes étreintes
L'incendie embrasa les tours ;
Restes des époques éteintes,
Vous vous écroulez pour toujours;
Fiers monuments, nobles églises,
Sveltes clochers, gothiques frises;
La flamme vous jette à nos pieds;
Et vous, réduits de l'indigence,
Cobourg, en sa lâche vengeance,
Vous a donc aussi foudroyés !

Lille est sanglante et non soumise,
Le canon tonnne en ses remparts,
Et de ses enfants la main brise
L'orgueilleux canon des Césars,

Leur vaillance n'est pas trompée,
Il fuit, en rompant son épée,
Ce chef dédaigneux et hautain,
Et ces ennemis formidables
Sont balayés comme les sables,
Quand souffle le vent du matin !

Si LILLE, riche, industrieuse,
N'étale pas au voyageur,
La magnificence orgueilleuse,
Legs d'un passé plein de splendeur,
Si les superbes cathédrales,
Les palais aux cours féodales,
N'embellissent plus la cité,
Du moins, à la France immolées
Ces voûtes, ces tours écroulées,
Ont garanti sa liberté !

Et comme la noble Romaine
Qui se parait de ses vertus,
Dédaignant la richesse vaine
Et les ornements superflus,
LILLE peut dire à la Patrie.
« Pour toi, je me suis appauvrie
» Des monuments de mes aïeux,
» Lis mes exploits dans ma misère,
» Et garde à ma nudité fière,
» Un souvenir triste et pieux ! »

M. B.

LiLLE.

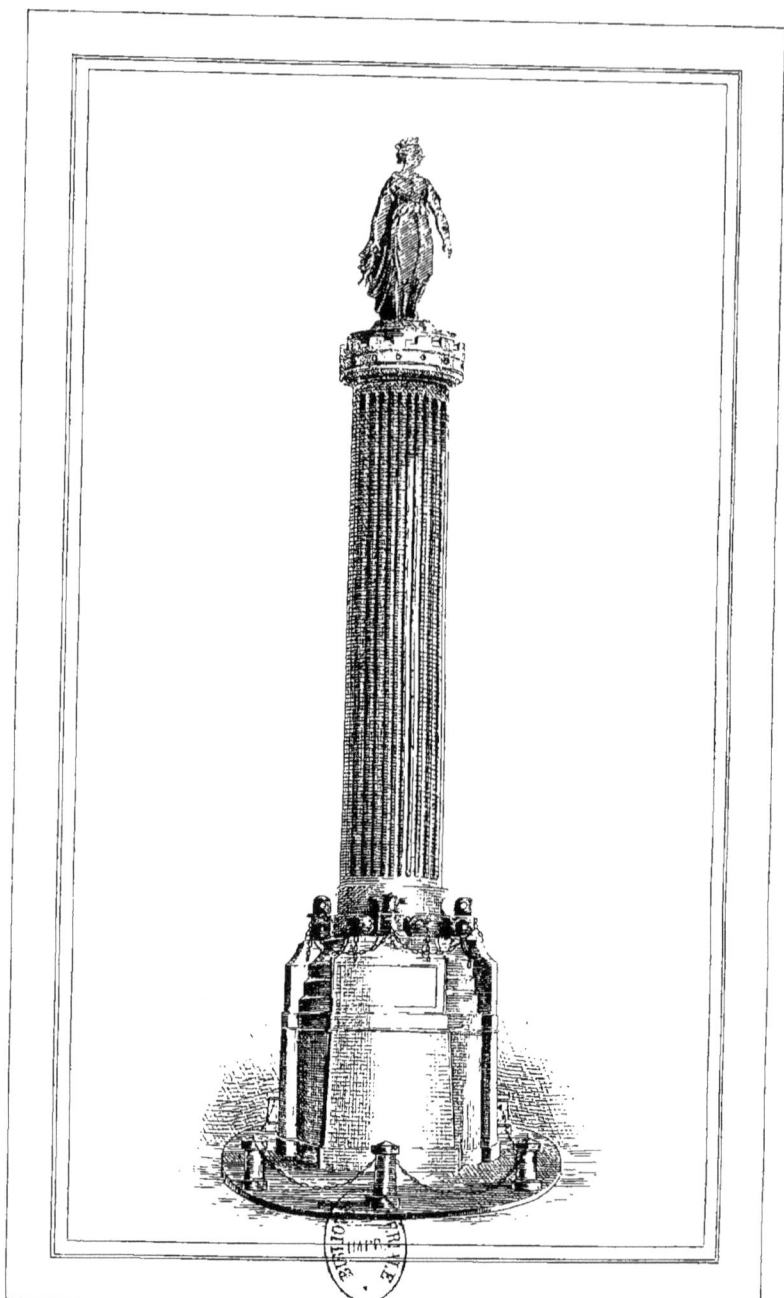

LILLE en quatre vingt douze, à chacun soit apperçue
Qu'on peut la brûler, non la prendre

1845

L'A

COLONNE LILLOISE,

Couplets dédiés aux Canonniers
de Lille ;

Par Émile DURIEUX, Musicien de la Garde Nationale.

Air de la Colonne.(d'Emile Debraux).

Salut ! monument du courage
Et des vertus de nos aïeux,
A chacun, redis d'âge en âge,
Les faits de ces jours glorieux (*bis*).
Lille même, qui te couronne,
De ses fils chante les exploits ;
Ah ! qu'on est fier d'être Lillois
Quand on regarde la *colonne* ! (*ter*)

« Rendez-vous » disait dans sa rage
L'Autrichien, suppôt des rois ;

« Un serment sacré nous engage
» Nous le tiendrons! » dit le LILLOIS. *(bis)*
D *Albert* alors le canon tonne,
La bombe éclate sur nos toits,
Et le feu consacre les droits
Que LILLE avait à sa *colonne*! *(ter)*

O vous, ennemis de la France,
Jouets du caprice des rois;
N'ayez plus la folle espérance
De•courber LILLE sous vos lois! *(bis)*
Souvenez-vous, race saxonne,
Que bravant vos sanglants projets,
Nous avons fait de vos boulets
L'ornement de notre *colonne*! *(ter)*

ANDRÉ, ta réponse immortelle
Passant à la postérité,
Lui dira que LILLE fidèle
S'immola pour la liberté! *(bis)*
Près du tien quel beau nom rayonne?
C'est celui du brave OVIGNEUR!...
Grands citoyens, avec honneur
Vos noms planent sur la *colonne*! *(ter)*

Et vous, qui dans ces jours d'alarmes,
A nos aïeux prêtant secours,
En amis, braves frères d'armes,
Avec eux exposiez vos jours; *(bis)*
Enfants du Nord, chers à Bellonne,
Qu'on vit alors sur nos remparts:
En ce beau jour, prenez vos parts
Des honneurs faits à la *colonne*! *(ter)*

Canonniers! que Lille proclame
Les braves des braves *Lillois*,
Gloire à vous ! toujours sur votre âme
La Patrie a gardé ses droits; (*bis*)
Dignes de l'honneur qu'on vous donne ,
Défenseurs de la liberté!
Fils des sauveurs de la Cité!
Soyez gardiens de la *colonne!* (*ter*)

LILLE EN 1792.

Ils n'étaient plus ces temps d'opprobre et d'ignorance,
Où les rois et les grands asservissaient la France,
Où le peuple opprimé, souffrant et malheureux,
Leur adressait en vain ses accents douloureux ;
Déjà, depuis long-temps, le flambeau du génie,
Faisait par son éclat pâlir la tyrannie ;
Quand l'homme, tout-à-coup, réclamant de saints droits,
Trouble ces vieux palais où sommeillaient les rois ;
Ces maîtres, de par Dieu, sa raison les récuse,
De ses malheurs passés alors il les accuse ;
Et sous son bras puissant broyant la royauté,
Il fait de ses débris surgir la Liberté !

Au triomphe éclatant que célèbre l'histoire,
Part des bords de la Seine un long cri de victoire ;
Vibrant sur chaque plage, il va sous d'autres cieux,
Saper des potentats le pouvoir odieux ;
Sur leurs fronts assombris chancellent leurs couronnes,
Et sur leurs piédestaux déjà tremblent leurs trônes ;
Les peuples ont frémi, les temps sont révolus,
La Liberté partout appelle ses élus !
Des princes étrangers se réveille la haîne,
A notre beau pays ils vont rendre sa chaine,
L'antique despotisme en appelle aux combats,
Sous ses drapeaux sanglants s'assemblent ses soldats ;
Il veut anéantir l'égalité naissante,
D'un peuple libre il craint la parole puissante ;

Des parjures français, dans un transport fatal,
Vont guider ses guerriers au sein du sol natal !

Lille, dans ces grands jours, ne fut pas en arrière;
Quand résonna pour nous la trompette guerrière,
Ses fiers enfants, unis par la fraternité,
S'armèrent à ces noms : Patrie et Liberté !
En combattant pour eux, un peuple est invincible,
Et vouloir l'asservir est toujours impossible,
Car au premier appel du pouvoir souverain,
Sur ses puissants remparts aux cents foudres d'airain,
Ses soldats citoyens, fermes comme un seul homme,
Rappellent les héros qu'on admirait à Rome,
Et sous l'impulsion d'un élan valeureux,
Ils sont prêts à payer de leur sang généreux.

Déjà le fer en main, l'affreuse barbarie,
De son pas sacrilége a foulé la patrie,
Aussitôt des Germains les nombreux bataillons,
S'avancent lentement et couvrent nos sillons,
Sombres et menaçants ils frappent à nos portes ;
Leur chef présomptueux, déployant ses cohortes,
Croit voir comme à *Verdun* nos citoyens tremblants
Courber d'indignes fronts à ses genoux sanglants.
Émule de *Brunswick* dont les bords de la Meuse
Venaient d'entendre aussi la menace fameuse,
Au nom du roi son maître, en sommant la cité,
On voit le fier Albert, par sa fougue emporté,
Employant des moyens que l'honneur répudie,
Vouloir dans nos foyers allumer l'incendie,
Et dans sa soif de sang, dans son cruel transport,
Il va semer partout le ravage et la mort !

Lorsqu'en sa rage impie un barbare en démence,

Réserve à la cité le destin de Numance,
Que fait pendant ce temps le vaillant citoyen?
Ah ! bien loin de trembler, ce brave plébéïen,
A recevoir des fers ne saurait se résoudre ;
Tranquille sur ses murs que va frapper la foudre,
Avec joie il attend le signal des combats.
Dans ce jour solennel on vit nos magistrats,
Grands comme les guerriers des siècles héroïques,
Répondre par ces mots, dignes des temps antiques :
« La Patrie a reçu notre nouveau serment,
» Nous ne pouvons trahir un tel engagement,
» Car Lille n'a jamais enfanté des parjures. »
Héroïque leçon pour les races futures !
Dignes républicains, les courageux Lillois
Sauront vaincre ou mourir pour leurs nouvelles lois.
L'ennemi les croyait faibles, pusillanimes,
A peine a-t-il connu ces paroles sublimes,
Que d'un cercle de bronze entourant nos remparts,
Le ravage à sa voix vole de toutes parts ;
Un long réseau de feu s'étendant sur la ville,
Des horreurs de la mort frappe chaque famille ;
L'asile du Lillois et ses vieux monuments,
S'écroulent à la fois dans ces tristes moments.
Lorsque le soir survient, on voit de Saint-Étienne,
S'embraser tout-à-coup la basilique ancienne ;
Éclairant nos malheurs, ce pharo étincelant,
Reflète au loin l'éclat de son foyer brûlant;
Sa lueur semble dire aux enfants de la France,
Qu'un peuple libre est grand jusque dans la souffrance;
Et le sombre Teschen, dans son funeste orgueil,
Croit vaincre la cité qu'il vient remplir de deuil,
Mais court fut son espoir, une main vengeresse.
Guidant les citoyens, seconde leur adresse;
Leurs coups toujours certains vont frapper l'étranger,

Et soldats d'un instant ils bravent le danger.
Chaque homme est un héros, un guerrier redoutable,
L'amour de la patrie est toujours indomptable,
Nos braves artilleurs surtout ne tremblent pas,
Leur feu chez l'assaillant porte aussi le trépas.
Quand s'étendit sur nous cette nuit si célèbre,
Qui couvrit leurs travaux de son voile funèbre,
Leurs bombes, leurs boulets, en mugissant dans l'air,
Tracent de longs sillons sous leurs disques de fer,
Lettres de Balthazar inscrites dans la nue,
Du jour de la justice annonçant la venue,
Leur aspect fait trembler le tigre épouvanté,
Et sa terreur déjà venge la Liberté.
Mais le Lillois est ferme au milieu du carnage,
Plus grand est le danger, plus grand est son courage,
La Patrie alarmée a parlé dans son cœur,
Et pour sauver la France il veut être vainqueur !
Mais après neuf grands jours de fureurs inutiles,
N'espérant plus forcer ces saintes Thermopyles,
Le barbare Teschen, le satellite des rois,
De la prudence alors dut écouter la voix ;
Lui qui rêvait pour nous un infâme esclavage,
Il doit fuir à son tour vers un autre rivage.
De ses soldats vaincus emmenant les débris,
On le voit s'éloigner, lançant sur nos abris,
Dans les derniers efforts de sa rage impuissante,
Quelques traits dont se rit la cité triomphante;
Il part, car il est temps, maudissant désormais
La terre des héros qu'il quitte pour jamais.

Lille, tu fus alors vaillante et magnanime,
Marquant par ton courage une époque sublime,
Quand la France sur toi reposait son espoir,
Tes dignes citoyens ont tous fait leur devoir;

Au cri de la Patrie aucun ne fut rebelle;
(Dans ces instants trop courts que la France était belle!)
Leur élan généreux arrêtant l'étranger,
Sauva la République en ces jours de danger.
Dans ton sein, des vieux rois méprisant l'anathême,
Le *Labarum* du peuple a reçu son baptême.
Sous tes nobles efforts succombe le Germain,
Ton bras vengeur punit un soldat inhumain;
Pour la France il rêvait de sombres funérailles,
La honte fut sa part sous tes saintes murailles;
Le despotisme altier, humilié, vaincu,
Vit l'aigle des Césars à tes pieds abattu!
Couronnant ta valeur, la fière République,
A su récompenser ton courage civique;
Lille de la Patrie avait bien mérité!
Et sa voix proclama ton immortalité!

C. Schneider, de Lille.

ODE

A LA COLONNE DE LILLE.

1845.

> Nous venons de renouveler notre serment
> d'être fidèles à la nation, de maintenir
> la liberté et l'égalité, ou de mourir à
> notre poste : nous ne sommes pas des
> parjures.
>
> (Les Lillois de 1792.)

A moi l'ange puissant des fastes de la gloire !
Qu'à ma voix, du passé surgisse la mémoire !
De fleurs, de vases d'or, surchargeons nos autels !
Je veux, en traits profonds, poétiser la Flandre,
Et de son cinéraire, en ranimant la cendre,
Refleurir de ses fils les lauriers immortels !

LILLE ! ô grande cité ! toi, dont la France est fière,
Reine par l'industrie et ta valeur guerrière,
Qui portes sur tes flancs de foudroyants remparts,
Revêts ton noble front de ta chaste couronne,
D'allégresse et d'orgueil ton peuple t'environne,
Aux clairons éclatants des bataillons épars.

Qu'il est beau de les voir ces phalanges en armes,
Evoquant du passé les sanglantes alarmes,
Pour compter leurs aïeux dans la postérité !
Voici nos artilleurs, fils de quatre-vingt-douze !
L'espérance et l'appui d'une mère jalouse :
Qu'ils entrent au banquet de l'immortalité !...

Des oracles du temps, le triomphe commence :
Place aux ombres des preux de l'illustre défense !
Voici venir *Ruault, Ovigneur, Clarenthal* !
André, Duhoux, Guiscard, Champmorin, Lamarlière,
Reboux, Perrin, Blanchez et le brave *Depierre,*
Et *Morand* et *Garnier :* l'honneur du sol natal !

O Flandre ! incline-toi ! ta capitale en fête,
Au baptême des arts a consacré sa tête :
La force est à ses pieds, l'éclair dans son regard ;
Elle offre pour garant de ses vertus civiques,
Le durable granit de ses gloires antiques,
Et les plis ondoyants de son triple étendart !

Silence ! écoutez tous ! c'est la voix de l'histoire
Qui des Lillois anciens raconte la victoire ;
Les digues du passé s'ouvrent dans l'avenir ;
Et le flot des grandeurs qui se brise en ce monde
N'a jamais disparu dans sa chute profonde,
Sans laisser à la terre un brillant souvenir :

— Alors qu'en nos foyers, en proie à la souffrance,
Le nuage sanglant qui pesait sur la France,
Répandait en tous lieux d'innombrables douleurs ;
Quand le peuple français, affranchi du servage,
En poudre réduisit ces fers de l'esclavage
Que le temps rouilla moins que vingt siècles de pleurs,

Quel seïde absolu, sans cœur et sans entrailles,
Osa rêver un jour d'asservir nos murailles ?...
Quel prince audacieux nous parla de revers ?
C'est un soldat soumis à la voix de son maître,
Esclave-courtisan, que la Saxe a vu naître,
Qui, chez un peuple libre, ôse apporter des fers !...

Mais chez nous, il n'est pas de perfide passage !
Il nous faut un mot d'ordre, et non pas un message ;
Les cieux n'enfantent pas deux mêmes conquérants !
Un seul nous imposa sa royale puissance ;
Et de Louis-le-Grand date la renaissance
Des LILLOIS adoptés par le pays des Francs !

Hors des murs de la ville,
Va, fuis, sbire servile,
Tu souilles nos regards !
Et sans reprendre haleine,
Cours rejoindre en la plaine
L'envoyé des Césars !

Dis-lui que l'insolence
N'est pas de la vaillance ;
Et, qu'eût-il des Romains
La gigantesque épée,
Le glaive de Pōmpée
Est peut-être en nos mains !

Dis lui que sur sa tête
Gronde encor la tempête
Qui fait trembler les rois ;
Et qu'il n'est plus d'esclaves
Quand un peuple de braves
A reconquis ses droits.

Quoi ! vers la Capitale
Dans sa haine fatale,
Il veut porter ses pas ?...
Nous n'avons qu'une vie,
Mais par LILLE asservie,
Il ne passera pas ! ! !

Déchaîne ta furie
Contre notre patrie
O farouche Germain !
LILLE garde la France,
Et ce jour de souffrance
Aura son lendemain !

Ton ardente oriflamme,
Aux longs serpents de flamme,
Dévore nos abris !
Mais notre sang qui coule
Sous le boulet qui roule,
Cimente les débris !

L'Europe a retenti de ces cris fanatiques,
Que dans l'affreux cahos des misères publiques,
Hurlaient ces étrangers, qui, bravant le trépas,
Poussés par les décrets de ténébreux conclaves,
Accouraient jusqu'à nous, en vils troupeaux d'esclaves,
Pous nous ravir un bien qu'ils ne connaissaient pas ! ! !

Mais l'aigle ultramontain, les sceptres, la tiare,
Que des coffres anglais l'or unit ou sépare,
En vain se ligueront dans ce dessein pervers ;
Le front illuminé par l'eau sainte du Tibre,
Pensent-ils, ces soldats, soumettre un peuple libre,
Et qui, roi dans ses murs, laisse en paix l'Univers ! !

Que périsse à jamais cette coupable engeance !
Entendez-vous, Saxons, le glas de la vengeance,
Et le cri maternel de la vieille Cité?...
« LILLOIS ! il faut ici consacrer ma mémoire !
» Venez, du nom français éterniser la gloire
» Et sauver, en mourant, la sainte Liberté ! ! ! »

Aux remparts ! aux remparts ! Albert, l'heure est venue,
Où va se dévoiler ton histoire inconnue ;
La Flandre y marquera cette page de sang :
Contre la liberté, qui veut porter les armes
Et répandre après soi la terreur, les alarmes,
Au banquet des héros jamais ne prendra rang !

A nous la représaille !
La poudre et la mitraille
Dévastent tes chantiers ;
Et notre artillerie,
De vengeance nourrie,
Déchire tes mortiers !

Dresse donc en ce siége
Un rempart qui protége
Les rangs de tes Saxons !
Sous nos feux qui s'ordonnent
Et les bombes qui tonnent,
Vois sauter tes caissons !

Faisant trève à l'outrage,
Quoi ! tu calmes ta rage
Dès que le jour s'enfuit ?...
Faut-il à ta pensée,
De carnage lassée,
Les ombres de la nuit ?...

Non ! le liberticide
Dans son âme homicide
A ressenti la peur !
Et le jour qui se lève
Ne laisse à notre glaive
Que l'humide vapeur....

Vivat, enfants de LILLE !
Dieu protége la ville
Et règle son destin !
Albert fuit sans victoire,
Sans triomphe et sans gloire
Et surtout sans butin !

Va dire en ta Patrie
La valeur aguerrie
De ce peuple de Francs !
L'effroi qui te surmonte
Devra couvrir de honte
La face des tyrans !

Dis-leur qu'elle est immense
La lutte qui commence
Par un sanglant revers !
Car sous le pas rapide
De la France intrépide
Tremblera l'Univers ! !...

Dis-leur que pour leurs fers, nos mains ne sont pas faites ;
Que LILLE ignore encor le poids de ses défaites ;
Que son peuple est fidèle à la foi du serment.
Apprends-leur que ses fils ne sont pas des parjures,
Et qu'ils sauront un jour, pour prix de tes injures,
De ta honte dresser l'éternel *monument !* —

Elle dit : Et voici qu'aux accents de la lyre,
Aux vivats éclatants de la foule en délire,
LILLE nous apparaît dans toute sa splendeur !...
Qu'elle soit du pays l'active sentinelle ;
L'héraldique blason d'une gloire immortelle
Qui doit perpétuer sa force et sa grandeur ! !

Qu'il soit de notre honneur le digne sanctuaire,
L'édifice orgueilleux sans voile et sans mystère
Qui doit émerveiller les siècles à venir !
Et que du nom français équitable tribune,
Aux plus fiers ennemis de la cause commune,
Il apprenne comment LILLE saura punir !

Ah ! si jamais trompant notre chère espérance,
Les foudres de la guerre éclataient sur la France,
Avant que l'ennemi souillât notre cité,
On verrait les LILLOIS, étreignant leur colonne,
Jusqu'au dernier, mourir, en gagnant la couronne
Des martyrs de l'honneur et de la liberté ! ! !

A. JOMAIN.

LE CHANT DU NORD,

Hymne à la Ville de Lille pour l'Inauguration du Monument de 1792.

Si l'ennemi vaincu compte sur nos alarmes,
S'il croit que nous avons brisé nos vieilles armes
Qu'il vienne encor, nous l'attendons !...

Alp. Bianchi.

REPRISE.

Vierge pure, noble Patrie (1)
Lille ! entends-tu ce chant d'amour ?
Du peuple c'est la voix chérie,
Réveille-toi, voici le jour !...

Emblème de la Liberté,
Souvenir glorieux parmi ceux de la France,
Monument de granit, rappelle avec fierté,
    Ta gloire et notre indépendance.
Dis à nos fils qu'un jour, aux pieds de ces remparts,
La horde des tyrans fit descendre la foudre;
Mais que saisis d'effroi, bientôt leurs rangs épars,
Devant notre valeur s'inclinant dans la poudre,
    Y laissèrent leurs étendarts.
    Vierge, etc.

(1) Vierge pure exprime ici la pensée que Lille est encore pure d'une prise par assaut.

Symbole de notre splendeur,
Ta naissance appartient au burin de l'Histoire;
Et ton nom fut gravé par les mains de l'Honneur,
Sur le bouclier de la Gloire.
Aux siècles à venir redis avec orgueil,
Des courageux Lillois la défense héroïque ;
Dis que sous la mitraille, affrontant le cercueil ;
Ils s'écriaient encor : Vive la République ! (1)
C'est aux rois à prendre le deuil.
Vierge, etc.

En vain et la flamme et le fer
S'attachent à leurs pas et grondent sur leurs têtes:
En vain les meurtriers, sous les ordres d'Albert, (2)
Rugissent des chants de conquêtes;
L'hymne républicain s'élève jusqu'aux cieux,
Et le peuple indigné répond à ces injures :
Vivre libre ou mourir ! pas de joug odieux ;
Lille, tes citoyens ne sont point des parjures ! (3)
Périssent les audacieux !...
Vierge, etc.

Soudain à la voix du danger,
Hommes, femmes, vieillards, enfants, prennent les armes.
Tous volent aux combats, et l'infâme étranger,

(1) Sur les ruines encore fumantes, au sifflement des boulets rouges, un seul cri s'est fait entendre : Vive la Liberté ! Vive la République ! Toutes les classes de citoyens, tous les âges, ont des traits d'héroïsme à citer.

(2) Albert de Saxe Teschen, commandant-général de l'armée impériale et royale devant Lille.

(3) « Nous venons de renouveler notre serment d'être fidèles à la Nation, » de maintenir la Liberté et l'Egalité, ou de mourir à notre poste ; nous » ne sommes pas des parjures. » (Réponse d'André, maire de Lille, au nom de ses concitoyens.

De la peur connaît les alarmes.
Ses triomphes d'un jour se changent en revers.
Éperdu, chancelant devant notre courage,
Il se trouble, pâlit, et bientôt le pervers,
Fuit, n'emportant au loin qu'une impuissante rage
    Et le mépris de l'Univers !...
    Vierge, etc.

Depuis ces temps, noble cité !
Un demi-siècle et plus ont pesé sur ta vie ;
Et l'oubli sur ton front semblait avoir jeté
    Ou l'indifférence ou l'envie.
Oh ! sois heureuse enfin, et que dans l'avenir,
Ton regard radieux avec bonheur s'avance.
Vois vers ce monument tes enfants accourir ;
Vois les fils de tes fils, comme un flot qui s'élance,
    Saluer ce grand souvenir.

Temple des arts, noble patrie,
Lille, entends-tu ce chant d'amour ?
Du peuple c'est la voix chérie ;
Justice ! enfin voici le jour !....

J.-Aug. HAZARD , de Landrecies.

À la Ville de Lille,

A l'occasion de la fête d'inauguration du monument commémoratif du
bombardement de 1792.

SONNET.

Lorsqu'un grand souvenir, une héroïque image,
Vient éblouir nos yeux à force de splendeur,
Nous voudrions traduire en sublime langage
Tout ce que son aspect nous met d'ivresse au cœur.

Mais il faudrait avoir l'éloquence en partage,
Posséder le génie, au souffle inspirateur,
Et le génie, hélas! est un riche héritage
Réservé seulement aux élus du Seigneur.

LILLE, daigne accepter pourtant cette humble offrande,
Aux jours de nos combats, toi qui fus noble et grande,
Toi qui de notre France AS SI BIEN MÉRITÉ!

Je ne puis te chanter, ma voix est trop vulgaire;
Mais sorte de ta bouche un nouveau cri de guerre,
Elle te répondra : PATRIE et LIBERTÉ!

P.-F. Mathieu, à Paris.

Inscriptions

POUR LA COLONNE DE LILLE.

Quelle est cette fière déesse
Au sommet de ce monument ?
C'est la ville de Lille, en un jour de détresse,
De vaincre ou de périr prononçant le serment !..

Calme et debout sur sa colonne,
Quelle est cette fière personne
Au maintien plein de majesté ?
C'est la ville de Lille au Saxon qui l'outrage
Annonçant qu'un serment l'engage
A mourir pour la liberté !

Au sommet de cette colonne
N'est-ce point la fière Bellonne
Que j'aperçois ?
Passant, c'est la ville de Lille
Répétant, l'air calme et tranquille,
L'immortel serment des Lillois !

Lille en quatre-vingt-douze à chacun sut apprendre
Qu'on peut la brûler, non la prendre !!

Aux boulets autrichiens.

Boulets Autrichiens ici placés en pile,
Vous *seuls* aux jours du siége êtes entrés dans Lille !

Emile DURIEUX.

COUPLETS

À chanter au Banquet patriotique du 8 octobre 1845, offert à MM. les Gardes
nationaux invités à l'occasion de l'Inauguration du Monument
commémoratif du siége de 1792.

———

AIR : Peuple français, peuple de braves. (Clé du Caveau, 941.)

Peuple Lillois , peuple de frères ,
En ce jour , pour toi quel bonheur !
Tu vois resplendir les bannières
Du courage et de la valeur.
Liberté ! noble et chaste épouse ,
Sur ton autel , de tes enfants ,
Aux braves de quatre-vingt-douze
Brûle le fraternel encens.

La reconnaissance publique
A signalé ces temps fameux :
Plus d'un banquet patriotrique
Fut offert à tes bons aïeux !
En éternisant leur mémoire
N'oublions pas notre santé ;
On peut bien trinquer à la Gloire ,
On peut boire à la Liberté !

Honneur à ta belle défense ,
Noble Cité , fille de Mars !
Le laurier qui couvre la France

Naquit aux pieds de tes remparts !
Bientôt il orna la bannière
Fière de ses triples couleurs ,
Et parcourut l'Europe entière ,
Sur les pas de tes fils vainqueurs !

Pour nous que ce jour a de charmes !
L'amitié nous serre la main :
Bellonne a déposé ses armes ,
Et la paix nous verse du vin !
Aux accents de notre allégresse ,
Vétérans, sortez du tombeau ;
Venez partager notre ivresse ,
Venez jouir d'un jour si beau !

DUPONT, médecin à Seclin.

CANCHON LILLOSE.

FIÈTE DU 8 OCTOBRE 1845.

Air : Libédo, libédo.

L'Consel municipal
Vient de s'déboutonné ;
La garde nationale,
Excepté les bisets ,
Critt'te viv' monsieur l'Maire
Ainsi qu'monsieur l'Préfet ,
Qui ont ordonné d'faire
Unn' fiète et un banquet !
Libédo , (ter) ton , ti , ton , taine ,
Libédo , (ter) ton , ti , tra , la , deri , dera.

Qu'un n'diche point davantache
Qu'ichi un n'fait rien d'bien,
Un a mis d'ssus l'grand' plache
Un fameux monument ,
Pour qu'un souviench' qu'à Lille
Y n'y a chinquant' tros ans
Un a f.... unn' pile
A trint' mille assiégeants !
Libédo , etc.

Nous allons vir l'ouvrache
D'un ouvérié fameux ;
En busiant au corache

Qui on eu nos aïeux.
Din l'main de l'vill' de Lille
Y a mis l'mêcho alleumé,
Comm' pour dire à Christine :
Te n'poras point intré.

Libédo , etc.

De ch'co un fait du piche
A tous les étringers ,
I faut vire eu l'zaffiches
Qu'un leu z'a envoyé;
Mem que monsieur Danel
I a fait dessiner.
Pour qui soich'te pu biel',
L'monument tout intier !

Libédo , etc.

Cha s'ra bien l'première fiète
Qu'les gués aront congé,
Nous porons boir' canette
Jusqu'à minuit passé.
Ribott' nous allons faire
Sans peur du jug' de paix ,
L'autorité du maire
F'ra serrer le p'tit plaid !

Libédo , etc.

Honneur à vo vaillance,
Lillos du temps passé,
Qui ont sauvé la France
In battant l'étringer.
Vous vivrez din l'histoire ,
Tout comme nos vieux guerriers

Qui sont morts pour la gloire
Et pour la liberté !
Libédo , etc.

Citoyens respectables,
Vous s'rez tertous bien r'chus ,
A vo n'intrée à table
Aussi bien qu'à la r'vue ;
Si les *Lillos* sont fières
D'vous avoir invités ,
Ch'est qui saitt' qu'en temps d'guerre
Sur vous y peut' compter !
Libédo , etc.

L.-H.,
Auteur du Siége de Lille de 1792.

La Colonne de Lille,

CANTATE,

Paroles de M. V. D., musique de M. Ferdinaud LAVAINNE, chantée
au Théâtre le jour de l'inauguration (1).

CHŒUR.

Pour la Cité chère au dieu Mars ,
Pour la reine de la frontière ,
Éclatez, musique guerrière ,
Inclinez-vous, fiers étendards ,
Tonnez, canons de nos remparts !

Que de calme , de fermeté !
Que d'énergie et de noblesse !
Quelle est cette fière déesse
Au maintien plein de majesté?
C'est la spartiate cité !
C'est LILLE , au jour de sa défense ,
Et qui debout sur ses remparts
Arrête , pour sauver la France ,
Le vol audacieux de l'aigle des Césars !
Sur ce marbre lisez sa réponse immortelle,
La menace des rois a doublé sa fierté,
C'est son arrêt de mort... mais que LILLE était belle
S'immolant pour la liberté !
Pour la Cité , etc.

(1) En vente chez Mme. Ve. BOHEM , M. FRANÇAIS , marchands de
musique, MM. VANACKERE et Emile DURIEUX , libraires, Grande-Place.

Honneur à vous, braves *Lillois*,
Vous combattez cent contre mille,
A deux royaumes votre ville
Résiste.... et sait tout à la fois
Abaisser et vaincre deux rois !
Pleins de respect pour son courage,
Présentez vos armes, soldats,
LILLE mérite cet hommage,
Ses fils vous ont suivis dans vos nombreux combats !
Ses fils ! ils reviendront au jour de la vengeance,
L'affront de Waterloo sur leur cœur est resté,
Ils reviendront mourir pour l'honneur de la France,
    Pour sa gloire et sa liberté !
      Pour la Cité, etc.

    Dépouille tes habits de deuil,
    Relève ta tête abattue,
    LILLE, contemple ta statue,
    De l'oubli ne crains plus l'écueil ;
    Frémis et de joie et d'orgueil !
    Et vous tous, citoyens de LILLE,
    Sur ces drapeaux étincelants,
    Jurez que jamais dans la ville
L'ennemi n'entrera que sur vos corps sanglants !
Vous tiendrez ce serment, la France en a pour gage
La foi de vos aïeux, votre noble fierté,
Votre haine des fers, votre mâle courage,
    Votre amour de la liberté !
      Pour la Cité, etc.

1792

TABLE.

Journal précis de l'attaque de Lille. 1
Esquisse chronologique et jour par jour, du bombardement. 14
DOCUMENTS HISTORIQUES.
Lettre d'Albert de Saxe au Commandant de la ville de Lille. 21
Réponse à la lettre précédente 21
Lettre d'Albert de Saxe à la Municipalité de Lille. 22
Réponse du maire André, à la lettre précédente 23
Décret de la Convention nationale du 12 octobre 1792 23
Forces de l'armée autrichienne. 24
Forces des assiégés. 25
Tableau des membres de la Municipalité de Lille en 1792. 26
Etat major composant le Conseil de guerre, pendant le siége . . . 27
Contrôle de la Compagnie Ovigneur. 28
Liste des officiers supérieurs de la Garde Nationale de Lille, élus en
    août 1792 30
Liste des personnes tuées pendant le bombardement. 31
Relevé des pompes à incendie envoyées à Lille par les villes voisines . 32
Proclamation du Conseil de guerre du 1.er octobre 1792. 32
Proclamation des représentants de la Nation, commissaires de la Con-
    vention. 33
Extrait du procès-verbal de la séance de la Convention du 8 octobre
    1792 35
Lettre du ministre Roland à la Municipalité de Lille 37
Lettre du général Dumouriez aux citoyens de Lille. 38
Adresse de la commune de Paris à celle de Lille 39
Extrait d'une lettre écrite par le représentant Bellegarde au député
    Gorsas. 39
Autre lettre des Commissaires de la Convention. 40
Lettre des Administrateurs du département aux citoyens de Lille . . 41
Discours du citoyen André, maire de Lille 42
Couplets du siége de Lille, ou Cécile et Julien, comédie. 45
Couplets, par le citoyen Célicourt. 50
Chanson lilloise, par Gouchon. 52
Couplets de la Gaité innée, de J. Lecomte 54
Couplet patriotique 55
Aux braves Lillois, couplets, par Ragon 56

Hymne aux Lillois, par leurs frères de Douai 58
Hymne à la liberté, par Laharpe (Extrait de l') 61
Ode patriotique de Lebrun (Extrait de l'). 62
Couplets à l'ordre du jour, par un citoyen de Bapaume. 62
Aux canonniers sédentaires de Lille (C. de Pradel). 67
Aux cannonniers Lillois, couplets (Dupont de Seclin) 72
Les canonniers Lillois, couplets (Emile Durieux). 74
Le canonnier Lillois, couplets (Dubus-Bonnel) 76
Gloire à nos pères, chant civique Lillois (Emile Durieux). 79
Le siége de Lille, couplets, par C. Schneider. 81
Le siége de Lille en 1792, en patois de Saint-Sauveur, par L. H. . . 83
La Lilloise, cantate par Jomain, musique de Lavainne. 88
Hommage aux défenseurs de Lille, ode, par A. Bianchi. 92
Chant héroïque, par Selik, musique de Bécu. 96
A nos pères de 1792, acrostiche, par Emile Durieux. 98
Chant guerrier, par V. D., musique de Bécu. 99
Le siége de Lille en 1792, par Victor Derode. 101
Chant civique Lillois, cantate, par Emile Durieux, musique d'Hypolite
Bohem. 108
Le siége de Lille, par A. Jomain. 110
El bombardement de Lille, en patois, par l'auteur du Père-Bolis. . . 117
Vers adressés aux députations, en 1842, par A. Bianchi. 123
La Lilloise, paroles et musique de Donvé. 125
Le siége de Lille, octobre 1842, par 127
La Colonne Lilloise, couplets, par Émile Durieux. 131
Lille en 1792, ode, par C. Schneider 134
Ode à la Colonne de Lille, 1845, par A. Jomain. 139
Le Chant du Nord, hymne, par J.-A. Hazard, de Landrecies. . . . 146
A la Ville de Lille, sonnet, par P.-F. Mathieu. 149
Inscriptions pour la Colonne (Emile Durieux). 150
Aux boulets autrichiens (le même). 150
Couplets à chanter au banquet du 8 octobre (Dupont, à Seclin) . . 151
Canchon lillose, par L. H. 153
La Colonne de Lille, cantate, paroles de V. D., musique de
Lavainne. 156

FIN.

www.ingramcontent.com/pod-product-compliance
Lightning Source LLC
Chambersburg PA
CBHW052054090426

42739CB00010B/2173